Gustave Flaubert

Trois Contes

Dossier réalisé par
Marie Basuyaux

Lecture d'image par
Valérie Lagier

D0995088

folioplus
classiques

Marie Basuyaux est agrégée de lettres modernes et prépare un doctorat sur les récits de Jean Cayrol. Elle est professeur de français au lycée Voillaume, à Aulnay-sous-Bois.

Conservateur au musée de Grenoble puis au musée des Beaux-Arts de Rennes, **Valérie Lagier** a organisé de nombreuses expositions d'art moderne et contemporain. Elle a créé, à Rennes, un service éducatif très innovant, et assuré de nombreuses formations d'histoire de l'art pour les enseignants et les étudiants. Elle est l'auteur de plusieurs publications scientifiques et pédagogiques. Elle est actuellement adjointe à la directrice des Études de l'Institut national du Patrimoine à Paris.

Sommaire

Sommaire

Trois Contes

Trois Contes

Un cœur simple[1]

I

Pendant un demi-siècle, les bourgeoises de Pont-l'Évêque[2] envièrent à Mme Aubain sa servante Félicité[3].

Pour cent francs par an, elle faisait la cuisine et le ménage, cousait, lavait, repassait, savait brider un cheval, engraisser les volailles, battre le beurre, et resta fidèle à sa maîtresse, — qui cependant n'était pas une personne agréable.

Elle avait épousé un beau garçon sans fortune, mort au commencement de 1809, en lui laissant deux enfants très jeunes avec une quantité de dettes. Alors elle vendit ses immeubles, sauf la ferme de Toucques et la ferme de Geffosses, dont les rentes montaient à

---

1. Ce texte est paru pour la première fois en revue dans *Le Moniteur universel* en avril 1877, puis en volume, accompagné des deux autres contes, le 24 avril 1877 chez l'éditeur Charpentier.
2. *Un cœur simple* se déroule dans une région que Flaubert connaît bien ; sa mère est née à Pont-l'Évêque et les fermes de Toucques et de Geffosses ont appartenu à sa famille.
3. Le personnage de Félicité s'inspire sans doute d'un modèle précis : Julie, une jeune femme entrée au service de la famille Flaubert vers 1825 ; ou peut-être Flaubert a-t-il pensé à la servante de son Pierre Barbey.

5 000 francs tout au plus, et elle quitta sa maison de Saint-Melaine pour en habiter une autre moins dispendieuse, ayant appartenu à ses ancêtres et placée derrière les halles.

Cette maison revêtue d'ardoises, se trouvait entre un passage et une ruelle aboutissant à la rivière. Elle avait intérieurement des différences de niveau qui faisaient trébucher. Un vestibule étroit séparait la cuisine de la *salle* où Mme Aubain se tenait tout le long du jour, assise près de la croisée dans un fauteuil de paille. Contre le lambris, peint en blanc, s'alignaient huit chaises d'acajou. Un vieux piano supportait, sous un baromètre, un tas pyramidal de boîtes et de cartons. Deux bergères[1] de tapisserie flanquaient la cheminée en marbre jaune et de style Louis XV. La pendule, au milieu, représentait un temple de Vesta, — et tout l'appartement sentait un peu le moisi, car le plancher était plus bas que le jardin.

Au premier étage, il y avait d'abord la chambre de « Madame », très grande, tendue d'un papier à fleurs pâles, et contenant le portrait de « Monsieur » en costume de muscadin. Elle communiquait avec une chambre plus petite, où l'on voyait deux couchettes d'enfants, sans matelas. Puis venait le salon, toujours fermé, et rempli de meubles recouverts d'un drap. Ensuite un corridor menait à un cabinet d'étude ; des livres et des paperasses garnissaient les rayons d'une bibliothèque entourant de ses trois côtés un large bureau de bois noir. Les deux panneaux en retour disparaissaient sous des dessins à la plume, des

---

1. Fauteuils larges et profonds.

paysages à la gouache et des gravures d'Audran, souvenirs d'un temps meilleur et d'un luxe évanoui. Une lucarne au second étage éclairait la chambre de Félicité, ayant vue sur les prairies.

Elle se levait dès l'aube, pour ne pas manquer la messe, et travaillait jusqu'au soir sans interruption ; puis, le dîner étant fini, la vaisselle en ordre et la porte bien close, elle enfouissait la bûche sous les cendres et s'endormait devant l'âtre, son rosaire à la main. Personne, dans les marchandages, ne montrait plus d'entêtement. Quant à la propreté, le poli de ses casseroles faisait le désespoir des autres servantes. Économe, elle mangeait avec lenteur, et recueillait du doigt sur la table les miettes de son pain, — un pain de douze livres, cuit exprès pour elle, et qui durait vingt jours.

En toute saison elle portait un mouchoir d'indienne[1] fixé dans le dos par une épingle, un bonnet lui cachant les cheveux, des bas gris, un jupon rouge, et par-dessus sa camisole[2] un tablier à bavette, comme les infirmières d'hôpital.

Son visage était maigre et sa voix aiguë. À vingt-cinq ans, on lui en donnait quarante. Dès la cinquantaine, elle ne marqua plus aucun âge ; — et, toujours silencieuse, la taille droite et les gestes mesurés, semblait une femme en bois, fonctionnant d'une manière automatique.

---

1. Toile de coton colorée par impression.
2. Chemise.

II

Elle avait eu, comme une autre, son histoire d'amour. Son père, un maçon, s'était tué en tombant d'un échafaudage. Puis sa mère mourut, ses sœurs se dispersèrent, un fermier la recueillit, et l'employa toute petite à garder les vaches dans la campagne. Elle grelottait sous des haillons, buvait à plat ventre l'eau des mares, à propos de rien était battue, et finalement fut chassée pour un vol de trente sols, qu'elle n'avait pas commis. Elle entra dans une autre ferme, y devint fille de basse-cour, et, comme elle plaisait aux patrons, ses camarades la jalousaient.

Un soir du mois d'août (elle avait alors dix-huit ans), ils l'entraînèrent à l'assemblée de Colleville. Tout de suite elle fut étourdie, stupéfaite par le tapage des ménétriers[1], les lumières dans les arbres, la bigarrure des costumes, les dentelles, les croix d'or, cette masse de monde sautant à la fois. Elle se tenait à l'écart modestement, quand un jeune homme d'apparence cossue, et qui fumait sa pipe les deux coudes

---

1. Musiciens de campagne jouant à l'occasion de fêtes dansées.

sur le timon d'un banneau[1], vint l'inviter à la danse. Il lui paya du cidre, du café, de la galette, un foulard, et, s'imaginant qu'elle le devinait[2], offrit de la reconduire. Au bord d'un champ d'avoine, il la renversa brutalement. Elle eut peur et se mit à crier. Il s'éloigna.

Un autre soir, sur la route de Beaumont, elle voulut dépasser un grand chariot de foin qui avançait lentement, et en frôlant les roues elle reconnut Théodore.

Il l'aborda d'un air tranquille, disant qu'il fallait tout pardonner, puisque c'était « la faute de la boisson ».

Elle ne sut que répondre et avait envie de s'enfuir.

Aussitôt il parla des récoltes et des notables de la commune, car son père avait abandonné Colleville pour la ferme des Écots, de sorte que maintenant ils se trouvaient voisins. — « Ah ! » dit-elle. Il ajouta qu'on désirait l'établir. Du reste, il n'était pas pressé, et attendait une femme à son goût. Elle baissa la tête. Alors il lui demanda si elle pensait au mariage. Elle reprit, en souriant, que c'était mal de se moquer. — « Mais non, je vous jure ! » et du bras gauche il lui entoura la taille ; elle marchait soutenue par son étreinte ; ils se ralentirent. Le vent était mou, les étoiles brillaient, l'énorme charretée de foin oscillait devant eux ; et les quatre chevaux, en traînant leurs pas, soulevaient de la poussière. Puis, sans commandement,

---

1. Pièce de bois située à l'avant d'une voiture, de chaque côté de laquelle on attelle les chevaux. Le « banneau » est une petite voiture servant à transporter des marchandises.
2. C'est-à-dire « devinait ses intentions ».

ils tournèrent à droite. Il l'embrassa encore une fois. Elle disparut dans l'ombre.

Théodore, la semaine suivante, en obtint des rendez-vous.

Ils se rencontraient au fond des cours, derrière un mur, sous un arbre isolé. Elle n'était pas innocente à la manière des demoiselles, — les animaux l'avaient instruite ; — mais la raison et l'instinct de l'honneur l'empêchèrent de faillir. Cette résistance exaspéra l'amour de Théodore, si bien que pour le satisfaire (ou naïvement peut-être) il proposa de l'épouser. Elle hésitait à le croire. Il fit de grands serments.

Bientôt il avoua quelque chose de fâcheux : ses parents, l'année dernière, lui avaient acheté un homme[1] ; mais d'un jour à l'autre on pourrait le reprendre ; l'idée de servir l'effrayait. Cette couardise fut pour Félicité une preuve de tendresse ; la sienne en redoubla. Elle s'échappait la nuit, et, parvenue au rendez-vous, Théodore la torturait avec ses inquiétudes et ses instances.

Enfin, il annonça qu'il irait lui-même à la Préfecture prendre des informations, et les apporterait dimanche prochain entre onze heures et minuit.

Le moment arrivé, elle courut vers l'amoureux.

À sa place, elle trouva un de ses amis.

Il lui apprit qu'elle ne devait plus le revoir. Pour se garantir de la conscription, Théodore avait épousé une vieille femme très riche, Mme Lehoussais, de Toucques.

---

1. Il s'agit d'un remplaçant, payé pour effectuer le service militaire de quelqu'un d'autre, à l'époque où les conscrits étaient tirés au sort.

Ce fut un chagrin désordonné. Elle se jeta par terre, poussa des cris, appela le bon Dieu, et gémit toute seule dans la campagne jusqu'au soleil levant. Puis elle revint à la ferme, déclara son intention d'en partir ; et, au bout du mois, ayant reçu ses comptes, elle enferma tout son petit bagage dans un mouchoir, et se rendit à Pont-l'Évêque.

Devant l'auberge, elle questionna une bourgeoise en capeline de veuve, et qui précisément cherchait une cuisinière. La jeune fille ne savait pas grand-chose, mais paraissait avoir tant de bonne volonté et si peu d'exigences, que Mme Aubain finit par dire :

— « Soit, je vous accepte ! »

Félicité, un quart d'heure après, était installée chez elle.

D'abord elle y vécut dans une sorte de tremblement que lui causaient « le genre de la maison » et le souvenir de « Monsieur », planant sur tout ! Paul et Virginie[1], l'un âgé de sept ans, l'autre de quatre à peine, lui semblaient formés d'une matière précieuse ; elle les portait sur son dos comme un cheval, et Mme Aubain lui défendit de les baiser à chaque minute, ce qui la mortifia. Cependant elle se trouvait heureuse. La douceur du milieu avait fondu sa tristesse.

Tous les jeudis, des habitués venaient faire une partie de boston. Félicité préparait d'avance les cartes et les chaufferettes. Ils arrivaient à huit heures bien juste, et se retiraient avant le coup de onze.

---

1. Écho au titre du roman de Bernardin de Saint-Pierre, *Paul et Virginie*, paru en 1788.

Chaque lundi matin, le brocanteur qui logeait sous l'allée étalait par terre ses ferrailles. Puis la ville se remplissait d'un bourdonnement de voix, où se mêlaient des hennissements de chevaux, des bêlements d'agneaux, des grognements de cochons, avec le bruit sec des carrioles dans la rue. Vers midi, au plus fort du marché, on voyait paraître sur le seuil un vieux paysan de haute taille, la casquette en arrière, le nez crochu, et qui était Robelin, le fermier de Geffosses. Peu de temps après, — c'était Liébard, le fermier de Toucques, petit, rouge, obèse, portant une veste grise et des houseaux armés d'éperons.

Tous deux offraient à leur propriétaire des poules ou des fromages. Félicité invariablement déjouait leurs astuces ; et ils s'en allaient pleins de considération pour elle.

À des époques indéterminées, Mme Aubain recevait la visite du marquis de Gremanville[1], un de ses oncles, ruiné par la crapule qui vivait à Falaise sur le dernier lopin de ses terres. Il se présentait toujours à l'heure du déjeuner, avec un affreux caniche dont les pattes salissaient tous les meubles. Malgré ses efforts pour paraître gentilhomme jusqu'à soulever son chapeau chaque fois qu'il disait : « Feu mon père », l'habitude l'entraînant, il se versait à boire coup sur coup, et lâchait des gaillardises. Félicité le poussait dehors poliment : « Vous en avez assez, Monsieur de Gremanville ! À une autre fois ! » Et elle refermait la porte.

---

1. Flaubert s'inspire pour ce personnage d'un membre de sa famille, son grand-oncle Charles-François de Crémanville.

Elle l'ouvrait avec plaisir devant M. Bourais, ancien avoué. Sa cravate blanche et sa calvitie, le jabot de sa chemise, son ample redingote brune, sa façon de priser en arrondissant le bras, tout son individu lui produisait ce trouble où nous jette le spectacle des hommes extraordinaires.

Comme il gérait les propriétés de « Madame », il s'enfermait avec elle pendant des heures dans le cabinet de « Monsieur », et craignait toujours de se compromettre, respectait infiniment la magistrature, avait des prétentions au latin.

Pour instruire les enfants d'une manière agréable, il leur fit cadeau d'une géographie en estampes. Elles représentaient différentes scènes du monde, des anthropophages coiffés de plumes, un singe enlevant une demoiselle, des Bédouins dans le désert, une baleine qu'on harponnait, etc.

Paul donna l'explication de ces gravures à Félicité. Ce fut même toute son éducation littéraire.

Celle des enfants était faite par Guyot, un pauvre diable employé à la Mairie, fameux pour sa belle main, et qui repassait son canif sur sa botte.

Quand le temps était clair, on s'en allait de bonne heure à la ferme de Geffosses.

La cour est en pente, la maison dans le milieu ; et la mer, au loin, apparaît comme une tache grise.

Félicité retirait de son cabas des tranches de viande froide, et on déjeunait dans un appartement faisant suite à la laiterie. Il était le seul reste d'une habitation de plaisance, maintenant disparue. Le papier de la muraille en lambeaux tremblait aux courants d'air. Mme Aubain penchait son front, accablée

de souvenirs ; les enfants n'osaient plus parler. « Mais
jouez donc ! » disait-elle ; ils décampaient.

Paul montait dans la grange, attrapait des oiseaux,
faisait des ricochets sur la mare, ou tapait avec un
bâton les grosses futailles qui résonnaient comme
des tambours.

Virginie donnait à manger aux lapins, se précipitait
pour cueillir des bluets, et la rapidité de ses jambes
découvrait ses petits pantalons brodés.

Un soir d'automne, on s'en retourna par les herbages.

La lune à son premier quartier éclairait une partie
du ciel, et un brouillard flottait comme une écharpe
sur les sinuosités de la Toucques. Des bœufs, étendus au milieu du gazon, regardaient tranquillement
ces quatre personnes passer. Dans la troisième pâ-
ture quelques-uns se levèrent, puis se mirent en
rond devant elles. — « Ne craignez rien ! » dit Félicité ; et, murmurant une sorte de complainte, elle
flatta sur l'échine celui qui se trouvait le plus près ; il
fit volte-face, les autres l'imitèrent. Mais, quand
l'herbage suivant fut traversé, un beuglement formidable s'éleva. C'était un taureau, que cachait le
brouillard. Il avança vers les deux femmes.
Mme Aubain allait courir. — « Non ! non ! moins
vite ! » Elles pressaient le pas cependant, et entendaient par-derrière un souffle sonore qui se rapprochait. Ses sabots, comme des marteaux, battaient
l'herbe de la prairie ; voilà qu'il galopait maintenant !
Félicité se retourna, et elle arrachait à deux mains
des plaques de terre qu'elle lui jetait dans les yeux.
Il baissait le mufle, secouait les cornes et tremblait

de fureur en beuglant horriblement. Mme Aubain, au bout de l'herbage avec ses deux petits, cherchait éperdue comment franchir le haut bord. Félicité reculait toujours devant le taureau, et continuellement lançait des mottes de gazon qui l'aveuglaient, tandis qu'elle criait : — « Dépêchez-vous ! dépêchez-vous ! »

Mme Aubain descendit le fossé, poussa Virginie, Paul ensuite, tomba plusieurs fois en tâchant de gravir le talus, et à force de courage y parvint.

Le taureau avait acculé Félicité contre une claire-voie ; sa bave lui rejaillissait à la figure, une seconde de plus il l'éventrait. Elle eut le temps de se couler entre deux barreaux, et la grosse bête, toute surprise, s'arrêta.

Cet événement, pendant bien des années, fut un sujet de conversation à Pont-l'Évêque. Félicité n'en tira aucun orgueil, ne se doutant même pas qu'elle eût rien fait d'héroïque.

Virginie l'occupait exclusivement ; — car, elle eut à la suite de son effroi, une affection nerveuse, et M. Poupart, le docteur, conseilla les bains de mer de Trouville.

Dans ce temps-là, ils n'étaient pas fréquentés. Mme Aubain prit des renseignements, consulta Bourais, fit des préparatifs comme pour un long voyage.

Ses colis partirent la veille, dans la charrette de Liébard. Le lendemain, il amena deux chevaux dont l'un avait une selle de femme, munie d'un dossier de velours ; et sur la croupe du second un manteau roulé formait une manière de siège. Mme Aubain y monta, derrière lui. Félicité se chargea de Virginie, et

a l'âne de M. Lechaptois, prêté sous la
avoir grand soin.

route était si mauvaise que ses huit kilomètres
exigèrent deux heures. Les chevaux enfonçaient
jusqu'aux paturons[1] dans la boue, et faisaient pour
en sortir de brusques mouvements des hanches ; ou
bien ils butaient contre les ornières ; d'autres fois, il
leur fallait sauter. La jument de Liébard, à de certains endroits, s'arrêtait tout à coup. Il attendait pa-
tiemment qu'elle se remît en marche ; et il parlait
des personnes dont les propriétés bordaient la
route, ajoutant à leur histoire des réflexions mora-
les. Ainsi, au milieu de Toucques, comme on passait
sous des fenêtres entourées de capucines, il dit,
avec un haussement d'épaules : — « En voilà une
Mme Lehoussais, qui au lieu de prendre un jeune
homme… » Félicité n'entendit pas le reste ; les chevaux trottaient, l'âne galopait ; tous enfilèrent un
sentier, une barrière tourna, deux garçons parurent,
et l'on descendit devant le purin, sur le seuil même
de la porte.

La mère Liébard, en apercevant sa maîtresse, pro-
digua les démonstrations de joie. Elle lui servit un
déjeuner où il y avait un aloyau, des tripes, du bou-
din, une fricassée de poulet, du cidre mousseux, une
tarte aux compotes et des prunes à l'eau-de-vie, ac-
compagnant le tout de politesses à Madame qui paraissait en meilleure santé, à Mademoiselle devenue
« magnifique », à M. Paul singulièrement « forci »,

---

1. Partie basse de la jambe du cheval, au-dessus du sabot.

sans oublier leurs grands-parents défunts que les Liébard avaient connus, étant au service de la famille depuis plusieurs générations. La ferme avait, comme eux, un caractère d'ancienneté. Les poutrelles du plafond étaient vermoulues, les murailles noires de fumée, les carreaux gris de poussière. Un dressoir en chêne supportait toutes sortes d'ustensiles, des brocs, des assiettes, des écuelles d'étain, des pièges à loup, des forces pour les moutons ; une seringue énorme fit rire les enfants. Pas un arbre des trois cours qui n'eût des champignons à sa base, ou dans ses rameaux une touffe de gui. Le vent en avait jeté bas plusieurs. Ils avaient repris par le milieu ; et tous fléchissaient sous la quantité de leurs pommes. Les toits de paille, pareils à du velours brun et iné-gaux d'épaisseur, résistaient aux plus fortes bourras-ques. Cependant la charreterie tombait en ruine. Mme Aubain dit qu'elle aviserait, et commanda de reharnacher les bêtes.

On fut encore une demi-heure avant d'atteindre Trouville. La petite caravane mit pied à terre pour passer les *Écores* ; c'était une falaise surplombant des bateaux ; et trois minutes plus tard, au bout du quai, on entra dans la cour de l'*Agneau d'or*, chez la mère David[1].

Virginie, dès les premiers jours, se sentit moins faible, résultat du changement d'air et de l'action des bains. Elle les prenait en chemise, à défaut d'un

---

1. Nouvel élément emprunté à la réalité : Flaubert conserve ici le véritable nom de la tenancière de cette auberge.

costume ; et sa bonne la rhabillait dans une cabane
de douanier qui servait aux baigneurs.

L'après-midi, on s'en allait avec l'âne au-delà des
roches noires, du côté d'Hennequeville. Le sentier,
d'abord, montait entre des terrains vallonnés comme
la pelouse d'un parc, puis arrivait sur un plateau où
alternaient des pâturages et des champs en labour. À
la lisière du chemin, dans le fouillis des ronces, des
houx se dressaient ; çà et là, un grand arbre mort
faisait sur l'air bleu des zigzags avec ses branches.

Presque toujours on se reposait dans un pré, ayant
Deauville à gauche, Le Havre à droite et en face la
pleine mer. Elle était brillante de soleil, lisse comme
un miroir, tellement douce qu'on entendait à peine
son murmure ; des moineaux cachés pépiaient, et
la voûte immense du ciel recouvrait tout cela.
Mme Aubain, assise, travaillait à son ouvrage de cou-
ture ; Virginie près d'elle tressait des joncs ; Félicité
sarclait des fleurs de lavande ; Paul, qui s'ennuyait,
voulait partir.

D'autres fois, ayant passé la Toucques en bateau,
ils cherchaient des coquilles. La marée basse laissait
à découvert des oursins, des godefiches, des médu-
ses ; et les enfants couraient, pour saisir des flocons
d'écume que le vent emportait. Les flots endormis,
en tombant sur le sable, se déroulaient le long de la
grève ; elle s'étendait à perte de vue, mais du côté
de la terre avait pour limite les dunes la séparant du
Marais, large prairie en forme d'hippodrome. Quand
ils revenaient par là, Trouville, au fond sur la pente
du coteau, à chaque pas grandissait, et avec toutes

ses maisons inégales semblait s'épanouir dans un désordre gai.

Les jours qu'il faisait trop chaud, ils ne sortaient pas de leur chambre. L'éblouissante clarté du dehors plaquait des barres de lumière entre les lames des jalousies. Aucun bruit dans le village. En bas, sur le trottoir, personne. Ce silence épandu augmentait la tranquillité des choses. Au loin, les marteaux des calfats[1] tamponnaient des carènes, et une brise lourde apportait la senteur du goudron.

Le principal divertissement était le retour des barques. Dès qu'elles avaient dépassé les balises, elles commençaient à louvoyer. Leurs voiles descendaient aux deux tiers des mâts ; et, la misaine[2] gonflée comme un ballon, elles avançaient, glissaient dans le clapotement des vagues, jusqu'au milieu du port, où l'ancre tout à coup tombait. Ensuite le bateau se plaçait contre le quai. Les matelots jetaient par-dessus le bordage des poissons palpitants ; une file de charrettes les attendait, et des femmes en bonnet de coton s'élançaient pour prendre les corbeilles et embrasser leurs hommes.

Une d'elles, un jour, aborda Félicité, qui peu de temps après entra dans la chambre, toute joyeuse. Elle avait retrouvé une sœur ; et Nastasie Barette[3],

---

1. Ouvriers dont le travail consiste à combler les fentes de la coque des navires, pour les rendre étanches. Ils travaillent sur la « carène » des bateaux, la partie immergée de la coque.
2. Basse voile du mât située à l'avant du navire.
3. Flaubert s'inspire à nouveau d'un personnage réel, la Barbette.

femme Leroux, apparut, tenant un nourrisson à sa poitrine, de la main droite un autre enfant, et à sa gauche un petit mousse les poings sur les hanches et le béret sur l'oreille.

Au bout d'un quart d'heure, Mme Aubain la congédia.

On les rencontrait toujours aux abords de la cuisine, ou dans les promenades que l'on faisait. Le mari ne se montrait pas.

Félicité se prit d'affection pour eux. Elle leur acheta une couverture, des chemises, un fourneau ; évidemment ils l'exploitaient. Cette faiblesse agaçait Mme Aubain, qui d'ailleurs n'aimait pas les familiarités du neveu, — car il tutoyait son fils ; — et, comme Virginie toussait et que la saison n'était plus bonne, elle revint à Pont-l'Évêque.

M. Bourais l'éclaira sur le choix d'un collège. Celui de Caen passait pour le meilleur. Paul y fut envoyé, et fit bravement ses adieux, satisfait d'aller vivre dans une maison où il aurait des camarades.

Mme Aubain se résigna à l'éloignement de son fils, parce qu'il était indispensable. Virginie y songea de moins en moins. Félicité regrettait son tapage. Mais une occupation vint la distraire ; à partir de Noël, elle mena tous les jours la petite fille au catéchisme.

III

Quand elle avait fait à la porte une génuflexion, elle s'avançait sous la haute nef entre la double ligne des chaises, ouvrait le banc de Mme Aubain, s'asseyait, et promenait ses yeux autour d'elle.

Les garçons à droite, les filles à gauche, emplissaient les stalles du chœur ; le curé se tenait debout près du lutrin ; sur un vitrail de l'abside, le Saint-Esprit dominait la Vierge ; un autre la montrait à genoux devant l'Enfant-Jésus, et, derrière le tabernacle, un groupe en bois représentait saint Michel terrassant le dragon[1].

Le prêtre fit d'abord un abrégé de l'Histoire sainte. Elle croyait voir le paradis, le déluge, la tour de Babel, des villes en flammes, des peuples qui mouraient, des idoles renversées ; et elle garda de cet éblouissement le respect du Très-Haut et la crainte de sa colère. Puis, elle pleura en écoutant la Passion. Pourquoi l'avaient-ils crucifié, lui qui chérissait les enfants, nourrissait les foules, guérissait les aveugles, et avait voulu, par douceur, naître au milieu

---

1. Flaubert décrit le véritable vitrail (aujourd'hui détruit) de l'église Saint-Michel à Pont-l'Évêque.

des pauvres, sur le fumier d'une étable ? Les semailles, les moissons, les pressoirs, toutes ces choses familières dont parle l'Évangile, se trouvaient dans sa vie ; le passage de Dieu les avait sanctifiées ; et elle aima plus tendrement les agneaux par amour de l'Agneau, les colombes à cause du Saint-Esprit.

Elle avait peine à imaginer sa personne ; car il n'était pas seulement oiseau, mais encore un feu, et d'autres fois un souffle. C'est peut-être sa lumière qui voltige la nuit aux bords des marécages, son haleine qui pousse les nuées, sa voix qui rend les cloches harmonieuses ; et elle demeurait dans une adoration, jouissant de la fraîcheur des murs et de la tranquillité de l'église.

Quant aux dogmes, elle n'y comprenait rien, ne tâcha même pas de comprendre. Le curé discourait, les enfants récitaient, elle finissait par s'endormir ; et se réveillait tout à coup, quand ils faisaient en s'en allant claquer leurs sabots sur les dalles.

Ce fut de cette manière, à force de l'entendre, qu'elle apprit le catéchisme, son éducation religieuse ayant été négligée dans sa jeunesse ; et dès lors elle imita toutes les pratiques de Virginie, jeûnait comme elle, se confessait avec elle. À la Fête-Dieu, elles firent ensemble un reposoir[1].

La première communion la tourmentait d'avance. Elle s'agita pour les souliers, pour le chapelet, pour le livre, pour les gants. Avec quel tremblement elle aida sa mère à l'habiller !

---

1. À l'occasion des processions religieuses, autel destiné au saint sacrement.

Pendant toute la messe, elle éprouva une angoisse. M. Bourais lui cachait un côté du chœur ; mais juste en face, le troupeau des vierges portant des couronnes blanches par-dessus leurs voiles abaissés formait comme un champ de neige ; et elle reconnaissait de loin la chère petite à son cou plus mignon et à son attitude recueillie. La cloche tinta. Les têtes se courbèrent ; il y eut un silence. Aux éclats de l'orgue, les chantres et la foule entonnèrent l'*Agnus Dei* ; puis le défilé des garçons commença ; et, après eux, les filles se levèrent. Pas à pas, et les mains jointes, elles allaient vers l'autel tout illuminé, s'agenouillaient sur la première marche, recevaient l'hostie successivement, et dans le même ordre revenaient à leurs prie-Dieu. Quand ce fut le tour de Virginie, Félicité se pencha pour la voir ; et, avec l'imagination que donnent les vraies tendresses, il lui sembla qu'elle était elle-même cette enfant ; sa figure devenait la sienne, sa robe l'habillait, son cœur lui battait dans la poitrine ; au moment d'ouvrir la bouche, en fermant les paupières, elle manqua s'évanouir.

Le lendemain, de bonne heure, elle se présenta dans la sacristie, pour que M. le curé lui donnât la communion. Elle la reçut dévotement, mais n'y goûta pas les mêmes délices.

Mme Aubain voulait faire de sa fille une personne accomplie ; et, comme Guyot ne pouvait lui montrer ni l'anglais ni la musique, elle résolut de la mettre en pension chez les Ursulines de Honfleur.

L'enfant n'objecta rien. Félicité soupirait, trouvant Madame insensible. Puis elle songea que sa maîtresse, peut-être, avait raison. Ces choses dépassaient sa compétence.

Enfin, un jour, une vieille tapissière s'arrêta devant la porte ; et il en descendit une religieuse qui venait chercher Mademoiselle. Félicité monta les bagages sur l'impériale, fit des recommandations au cocher, et plaça dans le coffre six pots de confiture et une douzaine de poires, avec un bouquet de violettes.

Virginie, au dernier moment, fut prise d'un grand sanglot ; elle embrassait sa mère qui la baisait au front en répétant : — « Allons ! du courage ! du courage ! » Le marchepied se releva, la voiture partit.

Alors Mme Aubain eut une défaillance ; et le soir tous ses amis, le ménage Lormeau, Mme Lechaptois, ces demoiselles Rochefeuille, M. de Houppeville et Bourais se présentèrent pour la consoler.

La privation de sa fille lui fut d'abord très douloureuse. Mais trois fois la semaine elle en recevait une lettre, les autres jours lui écrivait, se promenait dans son jardin, lisait un peu, et de cette façon comblait le vide des heures.

Le matin, par habitude, Félicité entrait dans la chambre de Virginie, et regardait les murailles. Elle s'ennuyait de n'avoir plus à peigner ses cheveux, à lui lacer ses bottines, à la border dans son lit, — et de ne plus voir continuellement sa gentille figure, de ne plus la tenir par la main quand elles sortaient ensemble. Dans son désœuvrement, elle essaya de faire de la dentelle. Ses doigts trop lourds cassaient les fils ; elle n'entendait à rien[1], avait perdu le sommeil, suivant son mot, était « minée ».

---

1. Il faut sans doute comprendre qu'elle ne s'intéressait plus à rien, ou ne parvenait plus à s'intéresser à rien (« entendre à » signifie « consentir à », « être occupé à » dans la langue du XVIIᵉ siècle).

Pour « se dissiper[1] », elle demanda la permission de recevoir son neveu Victor.

Il arrivait le dimanche après la messe, les joues roses, la poitrine nue, et sentant l'odeur de la campagne qu'il avait traversée. Tout de suite, elle dressait son couvert. Ils déjeunaient l'un en face de l'autre ; et, mangeant elle-même le moins possible pour épargner la dépense, elle le bourrait tellement de nourriture qu'il finissait par s'endormir. Au premier coup des vêpres, elle le réveillait, brossait son pantalon, nouait sa cravate, et se rendait à l'église, appuyée sur son bras dans un orgueil maternel.

Ses parents le chargeaient toujours d'en tirer quelque chose, soit un paquet de cassonade, du savon, de l'eau-de-vie, parfois même de l'argent. Il apportait ses nippes à raccommoder ; et elle acceptait cette besogne, heureuse d'une occasion qui le forçait à revenir.

Au mois d'août, son père l'emmena au cabotage.

C'était l'époque des vacances. L'arrivée des enfants la consola. Mais Paul devenait capricieux, et Virginie n'avait plus l'âge d'être tutoyée, ce qui mettait une gêne, une barrière entre elles.

Victor alla successivement à Morlaix, à Dunkerque et à Brighton ; au retour de chaque voyage, il lui offrait un cadeau. La première fois, ce fut une boîte en coquilles ; la seconde, une tasse à café ; la troisième, un grand bonhomme en pain d'épices. Il embellissait, avait la taille bien prise, un peu de moustache, de bons yeux francs, et un petit chapeau de cuir, placé

---

1. Se changer les idées.

en arrière comme un pilote. Il l'amusait en lui racontant des histoires mêlées de termes marins.

Un lundi, 14 juillet 1819 (elle n'oublia pas la date), Victor annonça qu'il était engagé au long cours, et, dans la nuit du surlendemain, par le paquebot de Honfleur, irait rejoindre sa goélette, qui devait démarrer du Havre prochainement. Il serait, peut-être, deux ans parti.

La perspective d'une telle absence désola Félicité ; et pour lui dire encore adieu, le mercredi soir, après le dîner de Madame, elle chaussa des galoches, et avala les quatre lieues qui séparent Pont-l'Évêque de Honfleur.

Quand elle fut devant le Calvaire, au lieu de prendre à gauche, elle prit à droite, se perdit dans des chantiers, revint sur ses pas ; des gens qu'elle accosta l'engagèrent à se hâter. Elle fit le tour du bassin rempli de navires, se heurtait contre des amarres ; puis le terrain s'abaissa, des lumières s'entrecroisèrent, et elle se crut folle, en apercevant des chevaux dans le ciel.

Au bord du quai, d'autres hennissaient, effrayés par la mer. Un palan[1] qui les enlevait les descendait dans un bateau, où des voyageurs se bousculaient entre les barriques de cidre, les paniers de fromage, les sacs de grain ; on entendait chanter des poules, le capitaine jurait ; et un mousse restait accoudé sur le bossoir[2], indifférent à tout cela. Félicité, qui ne

---

1. Appareil utilisé pour déplacer verticalement une charge.
2. Appareil de levage utilisé à bord d'un navire pour hisser tout objet (ancre ou embarcation).

l'avait pas reconnu, criait : « Victor ! » Il leva la tête ;
elle s'élançait, quand on retira l'échelle tout à coup.

Le paquebot, que des femmes halaient en chan-
tant, sortit du port. Sa membrure craquait, les vagues pesantes fouettaient sa proue. La voile avait
tourné, on ne vit plus personne ; — et, sur la mer
argentée par la lune, il faisait une tache noire qui pâ-
lissait toujours, s'enfonça, disparut.

Félicité, en passant près du Calvaire, voulut re-
commander à Dieu ce qu'elle chérissait le plus ; et
elle pria pendant longtemps, debout, la face baignée
de pleurs, les yeux vers les nuages. La ville dormait,
des douaniers se promenaient ; et de l'eau tombait
sans discontinuer par les trous de l'écluse, avec un
bruit de torrent. Deux heures sonnèrent.

Le parloir n'ouvrirait pas avant le jour. Un retard,
bien sûr, contrarierait Madame ; et, malgré son désir
d'embrasser l'autre enfant, elle s'en retourna. Les
filles de l'auberge s'éveillaient, comme elle entrait
dans Pont-l'Évêque.

Le pauvre gamin durant des mois allait donc rou-
ler sur les flots ! Ses précédents voyages ne l'avaient
pas effrayée. De l'Angleterre et de la Bretagne, on
revenait ; mais l'Amérique, les Colonies, les Îles, cela
était perdu dans une région incertaine, à l'autre bout
du monde.

Dès lors, Félicité pensa exclusivement à son neveu. Les jours de soleil, elle se tourmentait de la
soif ; quand il faisait de l'orage, craignait pour lui la
foudre. En écoutant le vent qui grondait dans la
cheminée et emportait les ardoises, elle le voyait
battu par cette même tempête, au sommet d'un mât

fracassé, tout le corps en arrière, sous une nappe d'écume ; ou bien, — souvenirs de la géographie en estampes, — il était mangé par les sauvages, pris dans un bois par des singes, se mourait le long d'une plage déserte. Et jamais elle ne parlait de ses inquiétudes.

Mme Aubain en avait d'autres sur sa fille.

Les bonnes sœurs trouvaient qu'elle était affectueuse, mais délicate. La moindre émotion l'énervait. Il fallut abandonner le piano.

Sa mère exigeait du couvent une correspondance réglée. Un matin que le facteur n'était pas venu, elle s'impatienta ; et elle marchait dans la salle, de son fauteuil à la fenêtre. C'était vraiment extraordinaire ! depuis quatre jours, pas de nouvelles !

Pour qu'elle se consolât par son exemple, Félicité lui dit :

— « Moi, Madame, voilà six mois que je n'en ai reçu !... »

— « De qui donc ?... »

La servante répliqua doucement :

— « Mais... de mon neveu ! »

— « Ah ! votre neveu ! » Et, haussant les épaules, Mme Aubain reprit sa promenade, ce qui voulait dire : « Je n'y pensais plus !... Au surplus, je m'en moque ! un mousse, un gueux, belle affaire !... tandis que ma fille... Songez donc !... »

Félicité, bien que nourrie dans la rudesse, fut indignée contre Madame, puis oublia.

Il lui paraissait tout simple de perdre la tête à l'occasion de la petite.

Les deux enfants avaient une importance égale ; un lien de son cœur les unissait, et leurs destinées devaient être la même.

Le pharmacien lui apprit que le bateau de Victor était arrivé à La Havane. Il avait lu ce renseignement dans une gazette.

À cause des cigares, elle imaginait La Havane un pays où l'on ne fait pas autre chose que de fumer, et Victor circulait parmi les nègres dans un nuage de tabac. Pouvait-on « en cas de besoin » s'en retourner par terre ? À quelle distance était-ce de Pont-l'Évêque ? Pour le savoir, elle interrogea M. Bourais.

Il atteignit son atlas, puis commença des explications sur les longitudes ; et il avait un beau sourire de cuistre devant l'ahurissement de Félicité. Enfin, avec son porte-crayon, il indiqua dans les découpures d'une tache ovale un point noir, imperceptible, en ajoutant : « Voici. » Elle se pencha sur la carte ; ce réseau de lignes coloriées fatiguait sa vue, sans lui rien apprendre ; et Bourais l'invitant à dire ce qui l'embarrassait, elle le pria de lui montrer la maison où demeurait Victor. Bourais leva les bras, il éternua, rit énormément ; une candeur pareille excitait sa joie ; et Félicité n'en comprenait pas le motif, — elle qui s'attendait peut-être à voir jusqu'au portrait de son neveu, tant son intelligence était bornée !

Ce fut quinze jours après que Liébard, à l'heure du marché comme d'habitude, entra dans la cuisine, et lui remit une lettre qu'envoyait son beau-frère. Ne sachant lire aucun des deux, elle eut recours à sa maîtresse.

Mme Aubain, qui comptait les mailles d'un tricot, le posa près d'elle, décacheta la lettre, tressaillit, et, d'une voix basse, avec un regard profond :

— « C'est un malheur… qu'on vous annonce. Votre neveu… »

Il était mort. On n'en disait pas davantage.

Félicité tomba sur une chaise, en s'appuyant la tête à la cloison, et ferma ses paupières, qui devinrent roses tout à coup. Puis, le front baissé, les mains pendantes, l'œil fixe, elle répétait par intervalles :

— « Pauvre petit gars ! pauvre petit gars ! »

Liébard la considérait en exhalant des soupirs. Mme Aubain tremblait un peu.

Elle lui proposa d'aller voir sa sœur, à Trouville.

Félicité répondit, par un geste, qu'elle n'en avait pas besoin.

Il y eut un silence. Le bonhomme Liébard jugea convenable de se retirer.

Alors elle dit :

— « Ça ne leur fait rien, à eux ! »

Sa tête retomba ; et machinalement elle soulevait, de temps à autre, les longues aiguilles sur la table à ouvrage.

Des femmes passèrent dans la cour avec un bard[1] d'où dégouttelait du linge.

En les apercevant par les carreaux, elle se rappela sa lessive ; l'ayant coulée[2] la veille, il fallait aujourd'hui la rincer ; et elle sortit de l'appartement.

---

1. Grand brancard utilisé pour le transport des matériaux.
2. Couler la lessive, c'est la faire bouillir dans la lessiveuse.

Sa planche et son tonneau étaient au bord de la Toucques. Elle jeta sur la berge un tas de chemises, retroussa ses manches, prit son battoir ; et les coups forts qu'elle donnait s'entendaient dans les autres jardins à côté. Les prairies étaient vides, le vent agitait la rivière ; au fond, de grandes herbes s'y penchaient, comme des chevelures de cadavres flottant dans l'eau. Elle retenait sa douleur, jusqu'au soir fut très brave ; mais, dans sa chambre, elle s'y abandonna, à plat ventre sur son matelas, le visage dans l'oreiller, et les deux poings contre les tempes.

Beaucoup plus tard, par le capitaine de Victor lui-même, elle connut les circonstances de sa fin. On l'avait trop saigné à l'hôpital, pour la fièvre jaune. Quatre médecins le tenaient à la fois. Il était mort immédiatement, et le chef avait dit :

— « Bon ! encore un ! »

Ses parents l'avaient toujours traité avec barbarie. Elle aima mieux ne pas les revoir ; et ils ne firent aucune avance, par oubli, ou endurcissement de misérables.

Virginie s'affaiblissait.

Des oppressions, de la toux, une fièvre continuelle et des marbrures aux pommettes décelaient quelque affection profonde. M. Poupart avait conseillé un séjour en Provence. Mme Aubain s'y décida, et eût tout de suite repris sa fille à la maison, sans le climat de Pont-l'Évêque.

Elle fit un arrangement avec un loueur de voitures, qui la menait au couvent chaque mardi. Il y a dans le jardin une terrasse d'où l'on découvre la Seine. Virginie s'y promenait à son bras, sur les feuilles de pampre tombées. Quelquefois le soleil traversant les nuages la forçait à cligner ses paupières, pendant qu'elle regardait les voiles au loin et tout l'horizon, depuis le château de Tancarville jusqu'aux phares du Havre. Ensuite on se reposait sous la tonnelle. Sa mère s'était procuré un petit fût d'excellent vin de Malaga ; et, riant à l'idée d'être grise, elle en buvait deux doigts, pas davantage.

Ses forces reparurent. L'automne s'écoula doucement. Félicité rassurait Mme Aubain. Mais, un soir qu'elle avait été aux environs faire une course, elle rencontra devant la porte le cabriolet de M. Poupart ; et il était dans le vestibule. Mme Aubain nouait son chapeau.

— « Donnez-moi ma chaufferette, ma bourse, mes gants ; plus vite donc ! »

Virginie avait une fluxion de poitrine ; c'était peut-être désespéré.

— « Pas encore ! » dit le médecin ; et tous deux montèrent dans la voiture, sous des flocons de neige qui tourbillonnaient. La nuit allait venir. Il faisait très froid.

Félicité se précipita dans l'église, pour allumer un cierge. Puis elle courut après le cabriolet, qu'elle rejoignit une heure plus tard, sauta légèrement par-derrière, où elle se tenait aux torsades, quand une réflexion lui vint : « La cour n'était pas fermée ! si des voleurs s'introduisaient ? » Et elle descendit.

Le lendemain, dès l'aube, elle se présenta chez le docteur. Il était rentré, et reparti à la campagne. Puis elle resta dans l'auberge, croyant que des inconnus apporteraient une lettre. Enfin, au petit jour, elle prit la diligence de Lisieux.

Le couvent se trouvait au fond d'une ruelle escarpée. Vers le milieu, elle entendit des sons étranges, un glas de mort. « C'est pour d'autres », pensa-t-elle ; et Félicité tira violemment le marteau.

Au bout de plusieurs minutes, des savates se traînèrent, la porte s'entrebâilla, et une religieuse parut.

La bonne sœur avec un air de componction dit qu'« elle venait de passer ». En même temps, le glas de Saint-Léonard redoublait.

Félicité parvint au second étage.

Dès le seuil de la chambre, elle aperçut Virginie étalée sur le dos, les mains jointes, la bouche ouverte, et la tête en arrière sous une croix noire s'inclinant vers elle, entre les rideaux immobiles, moins pâles que sa figure. Mme Aubain, au pied de la couche qu'elle tenait dans ses bras, poussait des hoquets d'agonie. La supérieure était debout, à droite. Trois chandeliers sur la commode faisaient des taches rouges, et le brouillard blanchissait les fenêtres. Des religieuses emportèrent Mme Aubain.

Pendant deux nuits, Félicité ne quitta pas la morte. Elle répétait les mêmes prières, jetait de l'eau bénite sur les draps, revenait s'asseoir, et la contemplait. À la fin de la première veille, elle remarqua que la figure avait jauni, les lèvres bleuirent, le nez se pinçait, les yeux s'enfonçaient. Elle les baisa plusieurs fois ; et n'eût pas éprouvé un immense étonnement si Virginie les eût rouverts ; pour de pareilles âmes le surnaturel est tout simple. Elle fit sa toilette, l'enveloppa de son linceul, la descendit dans sa bière, lui posa une couronne, étala ses cheveux. Ils étaient blonds, et extraordinaires de longueur à son âge. Félicité en coupa une grosse mèche, dont elle glissa la moitié dans sa poitrine, résolue à ne jamais s'en dessaisir.

Le corps fut ramené à Pont-l'Évêque, suivant les intentions de Mme Aubain, qui suivait le corbillard, dans une voiture fermée.

Après la messe, il fallut encore trois quarts d'heure pour atteindre le cimetière. Paul marchait en tête et sanglotait. M. Bourais était derrière, ensuite les principaux habitants, les femmes, couvertes de mantes noires, et Félicité. Elle songeait à son neveu, et, n'ayant pu lui rendre ces honneurs, avait un surcroît de tristesse, comme si on l'eût enterré avec l'autre.

Le désespoir de Mme Aubain fut illimité.

D'abord elle se révolta contre Dieu, le trouvant injuste de lui avoir pris sa fille — elle qui n'avait jamais fait de mal, et dont la conscience était si pure ! Mais non ! elle aurait dû l'emporter dans le Midi. D'autres docteurs l'auraient sauvée ! Elle s'accusait, voulait la rejoindre, criait en détresse au milieu de ses rêves. Un surtout, l'obsédait. Son mari, costumé comme un matelot, revenait d'un long voyage, et lui disait en pleurant qu'il avait reçu l'ordre d'emmener Virginie. Alors ils se concertaient pour découvrir une cachette quelque part.

Une fois, elle rentra du jardin, bouleversée. Tout à l'heure (elle montrait l'endroit) le père et la fille lui étaient apparus l'un auprès de l'autre, et ils ne faisaient rien ; ils la regardaient.

Pendant plusieurs mois, elle resta dans sa chambre, inerte. Félicité la sermonnait doucement ; il fallait se conserver pour son fils, et pour l'autre, en souvenir « d'elle ».

— « Elle ? » reprenait Mme Aubain, comme se réveillant. « Ah ! oui !... oui !... Vous ne l'oubliez pas ! » Allusion au cimetière, qu'on lui avait scrupuleusement défendu.

Félicité tous les jours s'y rendait.

À quatre heures précises, elle passait au bord des maisons, montait la côte, ouvrait la barrière, et arrivait devant la tombe de Virginie. C'était une petite colonne de marbre rose, avec une dalle dans le bas, et des chaînes autour enfermant un jardinet. Les plates-bandes disparaissaient sous une couverture de fleurs. Elle arrosait leurs feuilles, renouvelait le sable, se mettait à genoux pour mieux labourer la terre. Mme Aubain, quand elle put y venir, en éprouva un soulagement, une espèce de consolation.

Puis des années s'écoulèrent, toutes pareilles et sans autres épisodes que le retour des grandes fêtes : Pâques, l'Assomption, la Toussaint. Des événements intérieurs faisaient une date, où l'on se reportait plus tard. Ainsi, en 1825, deux vitriers badigeonnèrent le vestibule ; en 1827, une portion du toit, tombant dans la cour, faillit tuer un homme. L'été de 1828, ce fut à Madame d'offrir le pain bénit ; Bourais, vers cette époque, s'absenta mystérieusement ; et les anciennes connaissances peu à peu s'en allèrent : Guyot, Liébard, Mme Lechaptois, Robelin, l'oncle Gremanville, paralysé depuis longtemps.

Une nuit, le conducteur de la malle-poste annonça dans Pont-l'Évêque la Révolution de Juillet. Un sous-préfet nouveau, peu de jours après, fut nommé : le baron de Larsonnière, ex-consul en Amérique, et qui avait chez lui, outre sa femme, sa belle-sœur avec trois demoiselles, assez grandes déjà. On les apercevait sur leur gazon, habillées de blouses flottantes ; elles possédaient un nègre et un perroquet. Mme Aubain eut leur visite, et ne manqua pas de la rendre. Du plus loin qu'elles paraissaient, Félicité accourait pour la prévenir. Mais une chose était seule capable de l'émouvoir, les lettres de son fils.

Il ne pouvait suivre aucune carrière, étant absorbé dans les estaminets. Elle lui payait ses dettes ; il en refaisait d'autres ; et les soupirs que poussait Mme Aubain, en tricotant près de la fenêtre, arrivaient à Félicité, qui tournait son rouet dans la cuisine.

Elles se promenaient ensemble le long de l'espalier ; et causaient toujours de Virginie, se demandant si telle chose lui aurait plu, en telle occasion ce qu'elle eût dit probablement.

Toutes ses petites affaires occupaient un placard dans la chambre à deux lits. Mme Aubain les inspectait le moins souvent possible. Un jour d'été, elle se résigna ; et des papillons s'envolèrent de l'armoire.

Ses robes étaient en ligne sous une planche où il y avait trois poupées, des cerceaux, un ménage[1], la cuvette qui lui servait. Elles retirèrent également les jupons, les bas, les mouchoirs, et les étendirent sur

----

1. Ici une ménagère pour enfant, un ensemble de couverts pour la table.

les deux couches, avant de les replier. Le soleil éclairait ces pauvres objets, en faisait voir les taches, et des plis formés par les mouvements du corps. L'air était chaud et bleu, un merle gazouillait, tout semblait vivre dans une douceur profonde. Elles retrouvèrent un petit chapeau de peluche, à longs poils, couleur marron ; mais il était tout mangé de vermine. Félicité le réclama pour elle-même. Leurs yeux se fixèrent l'une sur l'autre, s'emplirent de larmes ; enfin la maîtresse ouvrit ses bras, la servante s'y jeta ; et elles s'étreignirent, satisfaisant leur douleur dans un baiser qui les égalisait.

C'était la première fois de leur vie, Mme Aubain n'étant pas d'une nature expansive. Félicité lui en fut reconnaissante comme d'un bienfait, et désormais la chérit avec un dévouement bestial et une vénération religieuse.

La bonté de son cœur se développa.

Quand elle entendait dans la rue les tambours d'un régiment en marche, elle se mettait devant la porte avec une cruche de cidre, et offrait à boire aux soldats. Elle soigna des cholériques. Elle protégeait les Polonais ; et même il y en eut un qui déclarait la vouloir épouser. Mais ils se fâchèrent ; car un matin, en rentrant de l'angélus, elle le trouva dans sa cuisine, où il s'était introduit, et accommodé une vinaigrette qu'il mangeait tranquillement.

Après les Polonais, ce fut le père Colmiche, un vieillard passant pour avoir fait des horreurs en 93. Il vivait au bord de la rivière, dans les décombres d'une porcherie. Les gamins le regardaient par les fentes du mur, et lui jetaient des cailloux qui tombaient sur son grabat, où il gisait, continuellement secoué par un catarrhe, avec des cheveux très longs, les paupières enflammées, et au bras une tumeur plus grosse que sa tête. Elle lui procura du linge, tâcha de nettoyer son bouge, rêvait à l'établir dans le fournil, sans qu'il gênât Madame. Quand le cancer eut crevé, elle le pansa tous les jours, quelquefois lui apportait de la galette, le plaçait au soleil sur une botte de paille ; et le pauvre vieux, en bavant et en tremblant, la remerciait de sa voix éteinte, craignait de la perdre, allongeait les mains dès qu'il la voyait s'éloigner. Il mourut ; elle fit dire une messe pour le repos de son âme.

Ce jour-là, il lui advint un grand bonheur : au moment du dîner, le nègre de Mme de Larsonnière se présenta, tenant le perroquet dans sa cage, avec le bâton, la chaîne et le cadenas. Un billet de la baronne annonçait à Mme Aubain que, son mari étant élevé à une préfecture, ils partaient le soir ; et elle la priait d'accepter cet oiseau, comme un souvenir, et en témoignage de ses respects.

Il occupait depuis longtemps l'imagination de Félicité, car il venait d'Amérique ; et ce mot lui rappelait Victor, si bien qu'elle s'en informait auprès du nègre. Une fois même elle avait dit : — « C'est Madame qui serait heureuse de l'avoir ! »

Le nègre avait redit le propos à sa maîtresse, qui, ne pouvant l'emmener, s'en débarrassait de cette façon.

IV

Il s'appelait Loulou. Son corps était vert, le bout de ses ailes rose, son front bleu, et sa gorge dorée[1].

Mais il avait la fatigante manie de mordre son bâton, s'arrachait les plumes, éparpillait ses ordures, répandait l'eau de sa baignoire ; Mme Aubain, qu'il ennuyait, le donna pour toujours à Félicité.

Elle entreprit de l'instruire ; bientôt il répéta : « Charmant garçon ! Serviteur, monsieur ! Je vous salue, Marie ! » Il était placé auprès de la porte, et plusieurs s'étonnaient qu'il ne répondît pas au nom de Jacquot, puisque tous les perroquets s'appellent Jacquot. On le comparait à une dinde, à une bûche : autant de coups de poignard pour Félicité ! Étrange obstination de Loulou, ne parlant plus du moment qu'on le regardait !

Néanmoins il cherchait la compagnie ; car le dimanche, pendant que ces demoiselles Rochefeuille,

---

1. La description du perroquet s'appuie non seulement sur une connaissance livresque de la part de Flaubert (qui a emprunté des ouvrages d'histoire naturelle), mais aussi sur une observation concrète (son ami Pierre Barbey possédait un perroquet et Flaubert en a même emprunté un au Muséum d'histoire naturelle de Rouen).

monsieur de Houppeville et de nouveaux habitués : Onfroy l'apothicaire, monsieur Varin et le capitaine Mathieu, faisaient leur partie de cartes, il cognait les vitres avec ses ailes, et se démenait si furieusement qu'il était impossible de s'entendre.

La figure de Bourais, sans doute, lui paraissait très drôle. Dès qu'il l'apercevait, il commençait à rire, à rire de toutes ses forces. Les éclats de sa voix bondissaient dans la cour, l'écho les répétait, les voisins se mettaient à leurs fenêtres, riaient aussi ; et, pour n'être pas vu du perroquet, M. Bourais se coulait le long du mur, en dissimulant son profil avec son chapeau, atteignait la rivière, puis entrait par la porte du jardin ; et les regards qu'il envoyait à l'oiseau manquaient de tendresse.

Loulou avait reçu du garçon boucher une chiquenaude, s'étant permis d'enfoncer la tête dans sa corbeille ; et depuis lors il tâchait toujours de le pincer à travers sa chemise. Fabu menaçait de lui tordre le cou, bien qu'il ne fût pas cruel, malgré le tatouage de ses bras et ses gros favoris. Au contraire ! il avait plutôt du penchant pour le perroquet, jusqu'à vouloir, par humeur joviale, lui apprendre des jurons. Félicité, que ces manières effrayaient, le plaça dans la cuisine. Sa chaînette fut retirée, et il circulait par la maison.

Quand il descendait l'escalier, il appuyait sur les marches la courbe de son bec, levait la patte droite, puis la gauche ; et elle avait peur qu'une telle gymnastique ne lui causât des étourdissements. Il devint malade, ne pouvant plus parler ni manger. C'était sous sa langue une épaisseur, comme en ont les poules, quelquefois. Elle le guérit, en arrachant cette pellicule avec ses ongles. M. Paul, un jour, eut l'imprudence de lui souffler aux narines la fumée d'un cigare ; une autre fois que Mme Lormeau l'agaçait du bout de son ombrelle, il en happa la virole[1] ; enfin, il se perdit.

Elle l'avait posé sur l'herbe pour le rafraîchir, s'absenta une minute ; et, quand elle revint, plus de perroquet ! D'abord elle le chercha dans les buissons, au bord de l'eau et sur les toits, sans écouter sa maîtresse qui lui criait : — « Prenez donc garde ! vous êtes folle ! » Ensuite elle inspecta tous les jardins de Pont-l'Évêque ; et elle arrêtait les passants : — « Vous n'auriez pas vu, quelquefois, par hasard, mon perroquet ? » À ceux qui ne connaissaient pas le perroquet, elle en faisait la description. Tout à coup, elle crut distinguer derrière les moulins, au bas de la côte, une chose verte qui voltigeait. Mais au haut de la côte, rien ! Un porte-balle[2] lui affirma qu'il l'avait rencontré tout à l'heure, à Melaine, dans la boutique de la mère Simon. Elle y courut. On ne savait pas ce qu'elle voulait dire. Enfin, elle rentra, épuisée, les savates en lambeaux, la mort dans l'âme ; et, assise au milieu du banc, près de Madame, elle racontait toutes ses démarches, quand un poids léger lui tomba sur l'épaule, Loulou ! Que diable avait-il fait ? Peut-être qu'il s'était promené aux environs !

Elle eut du mal à s'en remettre, ou plutôt ne s'en remit jamais.

---

1. Anneau de métal placé sur certains objets pour les préserver de l'usure.
2. Un mercier ambulant.

Par suite d'un refroidissement, il lui vint une angine ; peu de temps après, un mal d'oreilles. Trois ans plus tard, elle était sourde ; et elle parlait très haut, même à l'église. Bien que ses péchés auraient pu sans déshonneur pour elle, ni inconvénient pour le monde, se répandre à tous les coins du diocèse, M. le curé jugea convenable de ne plus recevoir sa confession que dans la sacristie.

Des bourdonnements illusoires achevaient de la troubler. Souvent sa maîtresse lui disait : — « Mon Dieu ! comme vous êtes bête ! » elle répliquait : — « Oui, Madame », en cherchant quelque chose autour d'elle.

Le petit cercle de ses idées se rétrécit encore, et le carillon des cloches, le mugissement des bœufs, n'existaient plus. Tous les êtres fonctionnaient avec le silence des fantômes. Un seul bruit arrivait maintenant à ses oreilles, la voix du perroquet.

Comme pour la distraire, il reproduisait le tic tac du tournebroche, l'appel aigu d'un vendeur de poisson, la scie du menuisier qui logeait en face ; et, aux coups de la sonnette, imitait Mme Aubain, — « Félicité ! la porte ! la porte ! »

Ils avaient des dialogues, lui, débitant à satiété les trois phrases de son répertoire, et elle, y répondant par des mots sans plus de suite, mais où son cœur s'épanchait. Loulou, dans son isolement, était presque un fils, un amoureux. Il escaladait ses doigts, mordillait ses lèvres, se cramponnait à son fichu ; et, comme elle penchait son front en branlant la tête à la manière des nourrices, les grandes ailes du bonnet et les ailes de l'oiseau frémissaient ensemble.

Quand des nuages s'amoncelaient et que le tonnerre grondait, il poussait des cris, se rappelant peut-être les ondées de ses forêts natales. Le ruissellement de l'eau excitait son délire ; il voletait, éperdu, montait au plafond, renversait tout, et par la fenêtre allait barboter dans le jardin ; mais revenait vite sur un des chenets, et, sautillant pour sécher ses plumes, montrait tantôt sa queue, tantôt son bec.

Un matin du terrible hiver de 1837, qu'elle l'avait mis devant la cheminée, à cause du froid, elle le trouva mort, au milieu de sa cage, la tête en bas, et les ongles dans les fils de fer. Une congestion l'avait tué, sans doute ? Elle crut à un empoisonnement par le persil ; et, malgré l'absence de toutes preuves, ses soupçons portèrent sur Fabu.

Elle pleura tellement que sa maîtresse lui dit : — « Eh bien ! faites-le empailler ! »

Elle demanda conseil au pharmacien, qui avait toujours été bon pour le perroquet.

Il écrivit au Havre. Un certain Fellacher se chargea de cette besogne. Mais, comme la diligence égarait parfois les colis, elle résolut de le porter elle-même jusqu'à Honfleur.

Les pommiers sans feuilles se succédaient aux bords de la route. De la glace couvrait les fossés. Des chiens aboyaient autour des fermes ; et les mains sous son mantelet, avec ses petits sabots noirs et son cabas, elle marchait prestement, sur le milieu du pavé.

Elle traversa la forêt, dépassa le Haut-Chêne, atteignit Saint-Gatien.

Derrière elle, dans un nuage de poussière et emportée par la descente, une malle-poste[1] au grand galop se précipitait comme une trombe. En voyant cette femme qui ne se dérangeait pas, le conducteur se dressa par-dessus la capote, et le postillon criait aussi, pendant que ses quatre chevaux qu'il ne pouvait retenir accéléraient leur train ; les deux premiers la frôlaient ; d'une secousse de ses guides, il les jeta dans le débord, mais furieux releva le bras, et à pleine volée, avec son grand fouet, lui cingla du ventre au chignon un tel coup qu'elle tomba sur le dos.

Son premier geste, quand elle reprit connaissance, fut d'ouvrir son panier. Loulou n'avait rien, heureusement. Elle sentit une brûlure à la joue droite ; ses mains qu'elle y porta étaient rouges. Le sang coulait.

Elle s'assit sur un mètre de cailloux[2], se tamponna le visage avec son mouchoir, puis elle mangea une croûte de pain, mise dans son panier par précaution, et se consolait de sa blessure en regardant l'oiseau.

Arrivée au sommet d'Ecquemauville, elle aperçut les lumières de Honfleur qui scintillaient dans la nuit comme une quantité d'étoiles ; la mer, plus loin, s'étalait confusément. Alors une faiblesse l'arrêta ; et la misère de son enfance, la déception du premier amour, le départ de son neveu, la mort de Virginie, comme les flots d'une marée, revinrent à la fois, et, lui montant à la gorge, l'étouffaient.

---

1. Voiture qui acheminait essentiellement les lettres concernant les affaires publiques.
2. Ensemble de cailloux placés le long des routes empierrées pour permettre leur entretien.

Puis elle voulut parler au capitaine du bateau ; et, sans dire ce qu'elle envoyait, lui fit des recommandations.

Fellacher garda longtemps le perroquet. Il le promettait toujours pour la semaine prochaine ; au bout de six mois, il annonça le départ d'une caisse ; et il n'en fut plus question. C'était à croire que jamais Loulou ne reviendrait. « Ils me l'auront volé ! » pensait-elle.

Enfin il arriva, — et splendide, droit sur une branche d'arbre, qui se vissait dans un socle d'acajou, une patte en l'air, la tête oblique, et mordant une noix, que l'empailleur par amour du grandiose avait dorée.

Elle l'enferma dans sa chambre.

Cet endroit, où elle admettait peu de monde, avait l'air tout à la fois d'une chapelle et d'un bazar, tant il contenait d'objets religieux et de choses hétéroclites.

Une grande armoire gênait pour ouvrir la porte. En face de la fenêtre surplombant le jardin, un œil-de-bœuf regardait la cour ; une table, près du lit de sangle, supportait un pot à l'eau, deux peignes, et un cube de savon bleu dans une assiette ébréchée. On voyait contre les murs : des chapelets, des médailles, plusieurs bonnes Vierges, un bénitier en noix de coco ; sur la commode, couverte d'un drap comme un autel, la boîte en coquillages que lui avait donnée Victor ; puis un arrosoir et un ballon, des cahiers d'écriture, la géographie en estampes, une paire de bottines ; et au clou du miroir, accroché par ses rubans, le petit chapeau de peluche ! Félicité poussait même ce genre de respect si loin, qu'elle conservait

une des redingotes de Monsieur. Toutes les vieille-
ries dont ne voulait plus Mme Aubain, elle les prenait pour sa chambre. C'est ainsi qu'il y avait des fleurs
artificielles au bord de la commode, et le portrait du
comte d'Artois dans l'enfoncement de la lucarne.

Au moyen d'une planchette, Loulou fut établi sur
un corps de cheminée qui avançait dans l'appartement. Chaque matin, en s'éveillant, elle l'apercevait à
la clarté de l'aube, et se rappelait alors les jours dis-
parus, et d'insignifiantes actions jusqu'en leurs moindres détails, sans douleur, pleine de tranquillité.

Ne communiquant avec personne, elle vivait dans
une torpeur de somnambule. Les processions de la
Fête-Dieu la ranimaient. Elle allait quêter chez les
voisines des flambeaux et des paillassons, afin d'em-
bellir le reposoir que l'on dressait dans la rue.

À l'église, elle contemplait toujours le Saint-Esprit,
et observa qu'il avait quelque chose du perroquet. Sa
ressemblance lui parut encore plus manifeste sur une
image d'Épinal, représentant le baptême de Notre-Seigneur. Avec ses ailes de pourpre et son corps d'émeraude, c'était vraiment le portrait de Loulou.

L'ayant acheté, elle le suspendit à la place du
comte d'Artois, — de sorte que, du même coup
d'œil, elle les voyait ensemble. Ils s'associèrent dans
sa pensée, le perroquet se trouvant sanctifié par ce
rapport avec le Saint-Esprit, qui devenait plus vivant
à ses yeux et intelligible. Le Père, pour s'énoncer,
n'avait pu choisir une colombe, puisque ces bêtes-là
n'ont pas de voix, mais plutôt un des ancêtres de
Loulou. Et Félicité priait en regardant l'image, mais
de temps à autre se tournait un peu vers l'oiseau.

Elle eut envie de se mettre dans les demoiselles de la Vierge. Mme Aubain l'en dissuada.

Un événement considérable surgit : le mariage de Paul.

Après avoir été d'abord clerc de notaire, puis dans le commerce, dans la douane, dans les contributions, et même avoir commencé des démarches pour les eaux et forêts, à trente-six ans, tout à coup, par une inspiration du ciel, il avait découvert sa voie : l'enregistrement[1] ! et y montrait de si hautes facultés qu'un vérificateur lui avait offert sa fille, en lui promettant sa protection.

Paul, devenu sérieux, l'amena chez sa mère.

Elle dénigra les usages de Pont-l'Évêque, fit la princesse, blessa Félicité. Mme Aubain, à son départ, sentit un allégement.

La semaine suivante, on apprit la mort de M. Bourais, en basse Bretagne, dans une auberge. La rumeur d'un suicide se confirma ; des doutes s'élevèrent sur sa probité. Mme Aubain étudia ses comptes, et ne tarda pas à connaître la kyrielle de ses noirceurs : détournements d'arrérages, ventes de bois dissimulées, fausses quittances, etc. De plus, il avait un enfant naturel, et « des relations avec une personne de Dozulé ».

Ces turpitudes l'affligèrent beaucoup. Au mois de mars 1853, elle fut prise d'une douleur dans la poitrine ; sa langue paraissait couverte de fumée, les sangsues ne calmèrent pas l'oppression ; et le neuvième soir elle expira, ayant juste soixante-douze ans.

---

1. L'enregistrement est le bureau où l'on enregistre officiellement certains actes.

On la croyait moins vieille, à cause de ses cheveux bruns, dont les bandeaux entouraient sa figure blême, marquée de petite vérole. Peu d'amis la regrettèrent, ses façons étant d'une hauteur qui éloignait.

Félicité la pleura, comme on ne pleure pas les maîtres. Que Madame mourût avant elle, cela troublait ses idées, lui semblait contraire à l'ordre des choses, inadmissible et monstrueux.

Dix jours après (le temps d'accourir de Besançon), les héritiers survinrent. La bru fouilla les tiroirs, choisit des meubles, vendit les autres, puis ils regagnèrent l'enregistrement.

Le fauteuil de Madame, son guéridon, sa chaufferette, les huit chaises, étaient partis ! La place des gravures se dessinait en carrés jaunes au milieu des cloisons. Ils avaient emporté les deux couchettes, avec leurs matelas, et dans le placard on ne voyait plus rien de toutes les affaires de Virginie ! Félicité remonta les étages, ivre de tristesse.

Le lendemain il y avait sur la porte une affiche ; l'apothicaire lui cria dans l'oreille que la maison était à vendre.

Elle chancela, et fut obligée de s'asseoir.

Ce qui la désolait principalement, c'était d'abandonner sa chambre, — si commode pour le pauvre Loulou. En l'enveloppant d'un regard d'angoisse, elle implorait le Saint-Esprit, et contracta l'habitude idolâtre de dire ses oraisons agenouillée devant le perroquet. Quelquefois, le soleil entrant par la lucarne frappait son œil de verre, et en faisait jaillir un grand rayon lumineux qui la mettait en extase.

Elle avait une rente de trois cent quatre-vingts francs, léguée par sa maîtresse. Le jardin lui fournissait des légumes. Quant aux habits, elle possédait de quoi se vêtir jusqu'à la fin de ses jours, et épargnait l'éclairage en se couchant dès le crépuscule.

Elle ne sortait guère, afin d'éviter la boutique du brocanteur, où s'étalaient quelques-uns des anciens meubles. Depuis son étourdissement, elle traînait une jambe ; et, ses forces diminuant, la mère Simon, ruinée dans l'épicerie, venait tous les matins fendre son bois et pomper de l'eau.

Ses yeux s'affaiblirent. Les persiennes n'ouvraient plus. Bien des années se passèrent. Et la maison ne se louait pas, et ne se vendait pas.

Dans la crainte qu'on ne la renvoyât, Félicité ne demandait aucune réparation. Les lattes du toit pourrissaient ; pendant tout un hiver son traversin fut mouillé. Après Pâques, elle cracha du sang.

Alors la mère Simon eut recours à un docteur. Félicité voulut savoir ce qu'elle avait. Mais, trop sourde pour entendre, un seul mot lui parvint : « Pneumonie ». Il lui était connu, et elle répliqua doucement : — « Ah ! comme Madame », trouvant naturel de suivre sa maîtresse.

Le moment des reposoirs approchait.

Le premier était toujours au bas de la côte, le second devant la poste, le troisième vers le milieu de la rue. Il y eut des rivalités à propos de celui-là ; et les paroissiennes choisirent finalement la cour de Mme Aubain.

Les oppressions et la fièvre augmentaient. Félicité se chagrinait de ne rien faire pour le reposoir. Au moins, si elle avait pu y mettre quelque chose ! Alors elle songea au perroquet. Ce n'était pas convenable, objectèrent les voisines. Mais le curé accorda cette permission ; elle en fut tellement heureuse qu'elle le pria d'accepter, quand elle serait morte, Loulou, sa seule richesse.

Du mardi au samedi, veille de la Fête-Dieu, elle toussa plus fréquemment. Le soir son visage était grippé, ses lèvres se collaient à ses gencives, des vomissements parurent ; et le lendemain, au petit jour, se sentant très bas, elle fit appeler un prêtre.

Trois bonnes femmes l'entouraient pendant l'extrême-onction. Puis elle déclara qu'elle avait besoin de parler à Fabu.

Il arriva en toilette des dimanches, mal à son aise dans cette atmosphère lugubre.

— « Pardonnez-moi », dit-elle avec un effort pour étendre le bras. « Je croyais que c'était vous qui l'aviez tué ! »

Que signifiaient des potins pareils ? L'avoir soupçonné d'un meurtre, un homme comme lui ! et il s'indignait, allait faire du tapage. — « Elle n'a plus sa tête, vous voyez bien ! »

Félicité de temps à autre parlait à des ombres. Les bonnes femmes s'éloignèrent. La Simonne déjeuna.

Un peu plus tard, elle prit Loulou, et, l'approchant de Félicité :

— « Allons ! dites-lui adieu ! »

Bien qu'il ne fût pas un cadavre, les vers le dévoraient ; une de ses ailes était cassée, l'étoupe lui sortait du ventre. Mais, aveugle à présent, elle le baisa au front, et le gardait contre sa joue. La Simonne le reprit, pour le mettre sur le reposoir.

V

Les herbages envoyaient l'odeur de l'été ; des mouches bourdonnaient ; le soleil faisait luire la rivière, chauffait les ardoises. La mère Simon, revenue dans la chambre, s'endormait doucement.

Des coups de cloche la réveillèrent ; on sortait des vêpres. Le délire de Félicité tomba. En songeant à la procession, elle la voyait, comme si elle l'eût suivie.

Tous les enfants des écoles, les chantres et les pompiers marchaient sur les trottoirs, tandis qu'au milieu de la rue, s'avançaient premièrement : le suisse armé de sa hallebarde, le bedeau avec une grande croix, l'instituteur surveillant les gamins, la religieuse inquiète de ses petites filles ; trois des plus mignonnes, frisées comme des anges, jetaient dans l'air des pétales de roses ; le diacre[1], les bras écartés, modérait la musique ; et deux encenseurs se retournaient à chaque pas vers le Saint-Sacrement, que portait, sous un dais de velours ponceau[2] tenu par quatre

_____

1. Celui qui supplée le prêtre lors des cérémonies religieuses.
2. D'une couleur rouge qui rappelle celle du coquelicot.

fabriciens[1], M. le curé, dans sa belle chasuble. Un flot de monde se poussait derrière, entre les nappes blanches couvrant le mur des maisons ; et l'on arriva au bas de la côte.

Une sueur froide mouillait les tempes de Félicité. La Simonne l'épongeait avec un linge, en se disant qu'un jour il lui faudrait passer par là.

Le murmure de la foule grossit, fut un moment très fort, s'éloignait.

Une fusillade ébranla les carreaux. C'était les postillons[2] saluant l'ostensoir. Félicité roula ses prunelles, et elle dit, le moins bas qu'elle put :

— « Est-il bien ? » tourmentée du perroquet.

Son agonie commença. Un râle, de plus en plus précipité, lui soulevait les côtes. Des bouillons d'écume venaient aux coins de sa bouche, et tout son corps tremblait.

Bientôt, on distingua le ronflement des ophicléides[3], les voix claires des enfants, la voix profonde des hommes. Tout se taisait par intervalles, et le battement des pas, que des fleurs amortissaient, faisait le bruit d'un troupeau sur du gazon.

Le clergé parut dans la cour. La Simonne grimpa sur une chaise pour atteindre à l'œil-de-bœuf, et de cette manière dominait le reposoir.

---

1. Personnes chargées d'administrer dans la paroisse les biens ecclésiastiques.
2. Ceux qui montent sur les chevaux d'un attelage.
3. Instruments de musique en cuivre, à vent et à clefs.

Des guirlandes vertes pendaient sur l'autel, orné d'un falbala en point d'Angleterre. Il y avait au milieu un petit cadre enfermant des reliques, deux orangers dans les angles, et, tout le long, des flambeaux d'argent et des vases en porcelaine, d'où s'élançaient des tournesols, des lis, des pivoines, des digitales, des touffes d'hortensias. Ce monceau de couleurs éclatantes descendait obliquement, du premier étage jusqu'au tapis se prolongeant sur les pavés ; et des choses rares tiraient les yeux. Un sucrier de vermeil avait une couronne de violettes, des pendeloques en pierres d'Alençon brillaient sur de la mousse, deux écrans chinois montraient leurs paysages. Loulou, caché sous des roses, ne laissait voir que son front bleu, pareil à une plaque de lapis.

Les fabriciens, les chantres, les enfants se rangèrent sur les trois côtés de la cour. Le prêtre gravit lentement les marches, et posa sur la dentelle son grand soleil d'or qui rayonnait. Tous s'agenouillèrent. Il se fit un grand silence. Et les encensoirs, allant à pleine volée, glissaient sur leurs chaînettes.

Une vapeur d'azur monta dans la chambre de Félicité. Elle avança les narines, en la humant avec une sensualité mystique ; puis ferma les paupières. Ses lèvres souriaient. Les mouvements de son cœur se ralentirent un à un, plus vagues chaque fois, plus doux, comme une fontaine s'épuise, comme un écho disparaît ; et, quand elle exhala son dernier souffle, elle crut voir, dans les cieux entrouverts, un perroquet gigantesque, planant au-dessus de sa tête.

La Légende
de saint Julien l'Hospitalier[1]

I

Le père et la mère de Julien habitaient un château, au milieu des bois, sur la pente d'une colline.

Les quatre tours aux angles avaient des toits pointus recouverts d'écailles de plomb, et la base des murs s'appuyait sur les quartiers de rocs, qui dévalaient abruptement jusqu'au fond des douves.

Les pavés de la cour étaient nets comme le dallage d'une église. De longues gouttières, figurant des dragons la gueule en bas, crachaient l'eau des pluies vers la citerne ; et sur le bord des fenêtres, à tous les étages, dans un pot d'argile peinte, un basilic ou un héliotrope[2] s'épanouissait.

Une seconde enceinte, faite de pieux, comprenait d'abord un verger d'arbres à fruits, ensuite un parterre où des combinaisons de fleurs dessinaient des chiffres, puis une treille avec des berceaux pour prendre le frais, et un jeu de mail[3] qui servait au

_____

1. Ce texte parut pour la première fois en revue dans *Le Bien public*, puis en volume, le 24 avril 1877, chez Charpentier.
2. Plantes symbolisant, pour l'une la cruauté, pour l'autre l'inspiration divine.
3. Jeu qui consiste à pousser une boule de bois à l'aide d'un maillet.

divertissement des pages. De l'autre côté se trouvaient le chenil, les écuries, la boulangerie, le pressoir
et les granges. Un pâturage de gazon vert se développait tout autour, enclos lui-même d'une forte
haie d'épines.

On vivait en paix depuis si longtemps que la herse
ne s'abaissait plus ; les fossés étaient pleins d'eau ;
des hirondelles faisaient leur nid dans la fente des
créneaux, et l'archer qui tout le long du jour se promenait sur la courtine[1], dès que le soleil brillait trop
fort rentrait dans l'échauguette[2], et s'endormait
comme un moine.

À l'intérieur, les ferrures partout reluisaient ; des
tapisseries dans les chambres protégeaient du froid ;
et les armoires regorgeaient de linge, les tonnes de
vin s'empilaient dans les celliers, les coffres de chêne
craquaient sous le poids des sacs d'argent.

On voyait dans la salle d'armes, entre des étendards
et des mufles de bêtes fauves, des armes de tous les
temps et de toutes les nations, depuis les frondes des
Amalécites[3] et les javelots des Garamantes[4] jusqu'aux
braquemarts[5] des Sarrasins et aux cottes de mailles
des Normands.

La maîtresse broche de la cuisine pouvait faire tourner un bœuf ; la chapelle était somptueuse comme
l'oratoire d'un roi. Il y avait même, dans un endroit

1. Mur joignant les flancs de deux bastions voisins.
2. Guérite de surveillance placée à l'angle d'une muraille for-
tifiée.
3. Peuple de l'Arabie.
4. Peuple d'Afrique.
5. Épées courtes du XIVe siècle.

écarté, une étuve à la romaine ; mais le bon seigneur s'en privait, estimant que c'est un usage des idolâtres.

Toujours enveloppé d'une pelisse de renard, il se promenait dans sa maison, rendait la justice à ses vassaux, apaisait les querelles de ses voisins. Pendant l'hiver, il regardait les flocons de neige tomber, ou se faisait lire des histoires. Dès les premiers beaux jours, il s'en allait sur sa mule le long des petits chemins, au bord des blés qui verdoyaient, et causait avec les manants, auxquels il donnait des conseils. Après beaucoup d'aventures, il avait pris pour femme une demoiselle de haut lignage.

Elle était très blanche, un peu fière et sérieuse. Les cornes de son hennin[1] frôlaient le linteau des portes ; la queue de sa robe de drap traînait de trois pas derrière elle. Son domestique[2] était réglé comme l'intérieur d'un monastère ; chaque matin elle distribuait la besogne à ses servantes, surveillait les confitures et les onguents, filait à la quenouille ou brodait des nappes d'autel. À force de prier Dieu, il lui vint un fils.

Alors il y eut de grandes réjouissances, et un repas qui dura trois jours et quatre nuits, dans l'illumination des flambeaux, au son des harpes, sur des jonchées de feuillages. On y mangea les plus rares épices, avec des poules grosses comme des moutons ; par divertissement, un nain sortit d'un pâté et, les écuelles ne suffisant plus, car la foule augmentait toujours, on fut obligé de boire dans les oliphants[3] et dans les casques.

---

1. Ancienne coiffure féminine, très haute et conique.
2. L'organisation de sa vie (archaïsme).
3. L'oliphant (ou olifant) est le petit cor d'ivoire des chevaliers.

La nouvelle accouchée n'assista pas à ces fêtes. Elle se tenait dans son lit, tranquillement. Un soir, elle se réveilla, et elle aperçut, sous un rayon de la lune qui entrait par la fenêtre, comme une ombre mouvante. C'était un vieillard en froc de bure[1], avec un chapelet au côté, une besace sur l'épaule, toute l'apparence d'un ermite. Il s'approcha de son chevet et lui dit, sans desserrer les lèvres :

— « Réjouis-toi, ô mère ! ton fils sera un saint ! »

Elle allait crier ; mais, glissant sur le rais de la lune, il s'éleva dans l'air doucement, puis disparut. Les chants du banquet éclatèrent plus fort. Elle entendit les voix des anges ; et sa tête retomba sur l'oreiller, que dominait un os de martyr dans un cadre d'escarboucles[2].

Le lendemain, tous les serviteurs interrogés déclarèrent qu'ils n'avaient pas vu d'ermite. Songe ou réalité, cela devait être une communication du ciel ; mais elle eut soin de n'en rien dire, ayant peur qu'on ne l'accusât d'orgueil.

Les convives s'en allèrent au petit jour ; et le père de Julien se trouvait en dehors de la poterne[3], où il venait de reconduire le dernier, quand tout à coup un mendiant se dressa devant lui, dans le brouillard. C'était un Bohême[4] à barbe tressée, avec des anneaux

---

1. Le froc de bure est un vêtement de moine en grosse étoffe de laine brune.
2. Nom ancien du grenat, pierre d'un rouge foncé.
3. Porte dérobée donnant sur le fossé.
4. Pour bohémien, nomade diseur de bonne aventure ou mendiant.

d'argent aux deux bras et les prunelles flamboyantes. Il bégaya d'un air inspiré ces mots sans suite :

— « Ah ! ah ! ton fils !... Beaucoup de sang !... beaucoup de gloire !... toujours heureux ! La famille d'un empereur. »

Et, se baissant pour ramasser son aumône, il se perdit dans l'herbe, s'évanouit.

Le bon châtelain regarda de droite et de gauche, appela tant qu'il put. Personne ! Le vent sifflait, les brumes du matin s'envolaient.

Il attribua cette vision à la fatigue de sa tête pour avoir trop peu dormi. « Si j'en parle, on se moquera de moi », se dit-il. Cependant les splendeurs destinées à son fils l'éblouissaient, bien que la promesse n'en fût pas claire et qu'il doutât même de l'avoir entendue.

Les époux se cachèrent leur secret. Mais tous deux chérissaient l'enfant d'un pareil amour ; et, le respectant comme marqué de Dieu, ils eurent pour sa personne des égards infinis. Sa couchette était rembourrée du plus fin duvet ; une lampe en forme de colombe brûlait dessus, continuellement ; trois nourrices le berçaient ; et, bien serré dans ses langes, la mine rose et les yeux bleus, avec son manteau de brocart et son béguin[1] chargé de perles, il ressemblait à un petit Jésus. Les dents lui poussèrent sans qu'il pleurât une seule fois.

Quand il eut sept ans, sa mère lui apprit à chanter. Pour le rendre courageux, son père le hissa sur un gros cheval. L'enfant souriait d'aise, et ne tarda pas à savoir tout ce qui concerne les destriers.

---

1. Petit bonnet d'enfant.

Un vieux moine très savant lui enseigna l'Écriture sainte, la numération des Arabes, les lettres latines, et à faire sur le vélin des peintures mignonnes. Ils travaillaient ensemble, tout en haut d'une tourelle, à l'écart du bruit.

La leçon terminée, ils descendaient dans le jardin, où, se promenant pas à pas, ils étudiaient les fleurs.

Quelquefois on apercevait, cheminant au fond de la vallée, une file de bêtes de somme, conduites par un piéton, accoutré à l'orientale. Le châtelain, qui l'avait reconnu pour un marchand, expédiait vers lui un valet. L'étranger, prenant confiance, se détournait de sa route ; et, introduit dans le parloir, il retirait de ses coffres des pièces de velours et de soie, des orfèvreries, des aromates, des choses singulières d'un usage inconnu ; à la fin le bonhomme s'en allait, avec un gros profit, sans avoir enduré aucune violence. D'autres fois, une troupe de pèlerins frappait à la porte. Leurs habits mouillés fumaient devant l'âtre ; et, quand ils étaient repus, ils racontaient leurs voyages : les erreurs[1] des nefs sur la mer écumeuse, les marches à pied dans les sables brûlants, la férocité des païens, les cavernes de la Syrie, la Crèche et le Sépulcre[2]. Puis ils donnaient au jeune seigneur des coquilles[3] de leur manteau.

---

1. Voyages dangereux (archaïsme).
2. La Crèche et le Sépulcre sont les emplacements de la naissance et de la mort du Christ.
3. Les pèlerins rapportaient (de Compostelle par exemple) des coquilles cousues sur leur manteau, et les distribuaient à leurs bienfaiteurs sur le chemin du retour.

Souvent le châtelain festoyait ses vieux compagnons d'armes. Tout en buvant, ils se rappelaient leurs guerres, les assauts des forteresses avec le battement des machines et les prodigieuses blessures. Julien, qui les écoutait, en poussait des cris ; alors son père ne doutait pas qu'il ne fût plus tard un conquérant. Mais le soir, au sortir de l'angélus, quand il passait entre les pauvres inclinés, il puisait dans son escarcelle avec tant de modestie et d'un air si noble, que sa mère comptait bien le voir par la suite archevêque.

Sa place dans la chapelle était aux côtés de ses parents ; et, si longs que fussent les offices, il restait à genoux sur son prie-Dieu, la toque par terre et les mains jointes.

Un jour, pendant la messe, il aperçut, en relevant la tête, une petite souris blanche qui sortait d'un trou, dans la muraille. Elle trottina sur la première marche de l'autel, et, après deux ou trois tours de droite à gauche, s'enfuit du même côté. Le dimanche suivant, l'idée qu'il pourrait la revoir le troubla. Elle revint ; et chaque dimanche il l'attendait, en était importuné, fut pris de haine contre elle, et résolut de s'en défaire.

Ayant donc fermé la porte, et semé sur les marches les miettes d'un gâteau, il se posta devant le trou, une baguette à la main.

Au bout de très longtemps un museau rose parut, puis la souris tout entière. Il frappa un coup léger, et demeura stupéfait devant ce petit corps qui ne bougeait plus. Une goutte de sang tachait la dalle. Il l'essuya bien vite avec sa manche, jeta la souris dehors, et n'en dit rien à personne.

Toutes sortes d'oisillons picoraient les graines du jardin. Il imagina de mettre des pois dans un roseau creux. Quand il entendait gazouiller dans un arbre, il en approchait avec douceur, puis levait son tube, enflait ses joues ; et les bestioles lui pleuvaient sur les épaules si abondamment qu'il ne pouvait s'empêcher de rire, heureux de sa malice.

Un matin, comme il s'en retournait par la courtine, il vit sur la crête du rempart un gros pigeon qui se rengorgeait au soleil. Julien s'arrêta pour le regarder ; le mur en cet endroit ayant une brèche, un éclat de pierre se rencontra sous ses doigts. Il tourna son bras, et la pierre abattit l'oiseau qui tomba d'un bloc dans le fossé.

Il se précipita vers le fond, se déchirant aux broussailles, furetant partout, plus leste qu'un jeune chien.

Le pigeon, les ailes cassées, palpitait, suspendu dans les branches d'un troène.

La persistance de sa vie irrita l'enfant. Il se mit à l'étrangler ; et les convulsions de l'oiseau faisaient battre son cœur, l'emplissaient d'une volupté sauvage et tumultueuse. Au dernier roidissement, il se sentit défaillir.

Le soir, pendant le souper, son père déclara que l'on devait à son âge apprendre la vénerie[1] ; et il alla chercher un vieux cahier d'écriture contenant, par demandes et réponses, tout le déduit[2] des chasses.

---

1. Art de chasser avec des chiens.
2. L'exposé détaillé (archaïsme).

Un maître y démontrait à son élève l'art de dresser les chiens et d'affaiter[1] les faucons, de tendre les pièges, comment reconnaître le cerf à ses fumées[2], le renard à ses empreintes, le loup à ses déchaussures[3], le bon moyen de discerner leurs voies[4], de quelle manière on les lance[5], où se trouvent ordinairement leurs refuges, quels sont les vents les plus propices, avec l'énumération des cris et les règles de la curée[6].

Quand Julien put réciter par cœur toutes ces choses, son père lui composa une meute.

D'abord on y distinguait vingt-quatre lévriers barbaresques[7], plus véloces que des gazelles, mais sujets à s'emporter ; puis dix-sept couples de chiens bretons, tiquetés[8] de blanc sur fond rouge, inébranlables dans leur créance[9], forts de poitrine et grands hurleurs. Pour l'attaque du sanglier et les refuites[10] périlleuses, il y avait quarante griffons poilus comme des ours. Des mâtins[11] de Tartarie, presque aussi hauts que des ânes, couleurs de feu, l'échine large et le jarret droit, étaient destinés à poursuivre les

---

1. Dresser un oiseau de proie.
2. Excréments.
3. Les déchaussures sont des égratignures faites sur le sol par l'animal après la fiente.
4. Traces du passage du gibier.
5. Débusque.
6. C'est la distribution d'une partie du gibier que l'on donne à la meute.
7. Venus de Barbarie (Afrique du Nord).
8. Marqués de points.
9. Ne se laissant pas prendre aux ruses du gibier.
10. Passages habituels ou refuges du gibier.
11. Gros chiens de garde.

aurochs[1]. La robe noire des épagneuls luisait comme du satin ; le jappement des talbots valait celui des bigles[2] chanteurs. Dans une cour à part, grondaient, en secouant leur chaîne et roulant leurs prunelles, huit dogues alains[3], bêtes formidables qui sautent au ventre des cavaliers et n'ont pas peur des lions.

Tous mangeaient du pain de froment, buvaient dans des auges de pierre, et portaient un nom sonore.

La fauconnerie, peut-être, dépassait la meute ; le bon seigneur, à force d'argent, s'était procuré des tiercelets[4] du Caucase, des sacres[5] de Babylone, des gerfauts[6] d'Allemagne, et des faucons-pèlerins, capturés sur les falaises, au bord des mers froides, en de lointains pays. Ils logeaient dans un hangar couvert de chaume, et, attachés par rang de taille sur le perchoir, avaient devant eux une motte de gazon, où de temps à autre on les posait afin de les dégourdir.

Des bourses, des hameçons, des chausse-trapes[7], toute sorte d'engins, furent confectionnés.

Souvent on menait dans la campagne des chiens d'oysel[8], qui tombaient bien vite en arrêt. Alors les piqueurs, s'avançant pas à pas, étendaient avec précau-

---

1. Bœufs sauvages dont on pense qu'ils vivaient en Europe au Moyen Âge, espèce aujourd'hui disparue.
2. Les talbots et les bigles sont des races de chiens.
3. Du peuple des Alains qui envahit la Gaule au Ve siècle.
4. Chez différents oiseaux de proie, le tiercelet désigne le mâle, qui est plus petit d'un tiers que la femelle.
5. Grands faucons.
6. Faucons de couleur claire.
7. Piège à renard.
8. Chiens dressés pour la chasse aux oiseaux.

tion sur leurs corps impassibles un immense filet. Un commandement les faisait aboyer ; des cailles s'envolaient ; et les dames des alentours conviées avec leurs maris, les enfants, les camérières, tout le monde se jetait dessus, et les prenait facilement.

D'autres fois, pour débucher[1] les lièvres, on battait du tambour ; des renards tombaient dans des fosses, ou bien un ressort, se débandant, attrapait un loup par le pied.

Mais Julien méprisa ces commodes artifices ; il préférait chasser loin du monde, avec son cheval et son faucon. C'était presque toujours un grand tartaret de Scythie, blanc comme la neige. Son capuchon de cuir était surmonté d'un panache, des grelots d'or tremblaient à ses pieds bleus : et il se tenait ferme sur le bras de son maître pendant que le cheval galopait, et que les plaines se déroulaient. Julien, dénouant ses longes[2], le lâchait tout à coup ; la bête hardie montait droit dans l'air comme une flèche ; et l'on voyait deux taches inégales tourner, se joindre, puis disparaître dans les hauteurs de l'azur. Le faucon ne tardait pas à descendre en déchirant quelque oiseau, et revenait se poser sur le gantelet, les deux ailes frémissantes.

Julien vola de cette manière le héron, le milan, la corneille et le vautour.

Il aimait, en sonnant de la trompe, à suivre ses chiens qui couraient sur le versant des collines, sautaient les ruisseaux, remontaient vers le bois ; et,

---

1. Faire sortir le gibier de son refuge.
2. Courroies destinées à attacher un animal.

quand le cerf commençait à gémir sous les morsu-
res, il l'abattait prestement, puis se délectait à la
furie des mâtins qui le dévoraient, coupé en pièces
sur sa peau fumante.

Les jours de brume, il s'enfonçait dans un marais
pour guetter les oies, les loutres et les halbrans[1].

Trois écuyers, dès l'aube, l'attendaient au bas du
perron ; et le vieux moine, se penchant à sa lucarne,
avait beau faire des signes pour le rappeler, Julien ne
se retournait pas. Il allait à l'ardeur du soleil, sous la
pluie, par la tempête, buvait l'eau des sources dans
sa main, mangeait en trottant des pommes sauvages,
s'il était fatigué se reposait sous un chêne ; et il rentrait au milieu de la nuit, couvert de sang et de boue,
avec des épines dans les cheveux et sentant l'odeur
des bêtes farouches. Il devint comme elles. Quand
sa mère l'embrassait, il acceptait froidement son
étreinte, paraissant rêver à des choses profondes.

Il tua des ours à coups de couteau, des taureaux
avec la hache, des sangliers avec l'épieu ; et même
une fois, n'ayant plus qu'un bâton, se défendit contre
des loups qui rongeaient des cadavres au pied d'un
gibet.

Un matin d'hiver, il partit avant le jour, bien équipé,
une arbalète sur l'épaule et un trousseau de flèches à
l'arçon[2] de sa selle.

Son genet[3] danois, suivi de deux bassets, en marchant d'un pas égal faisait résonner la terre. Des gout-

---

1. Jeunes canards sauvages.
2. Armature de la selle.
3. Cheval de petite taille.

tes de verglas se collaient à son manteau, une brise violente soufflait. Un côté de l'horizon s'éclaircit ; et, dans la blancheur du crépuscule, il aperçut des lapins sautillant au bord de leurs terriers. Les deux bassets, tout de suite, se précipitèrent sur eux ; et, çà et là, vivement, leur brisaient l'échine.

Bientôt, il entra dans un bois. Au bout d'une branche, un coq de bruyère engourdi par le froid dormait la tête sous l'aile. Julien, d'un revers d'épée, lui faucha les deux pattes, et sans le ramasser continua sa route.

Trois heures après, il se trouva sur la pointe d'une montagne tellement haute que le ciel semblait presque noir. Devant lui, un rocher pareil à un long mur s'abaissait, en surplombant un précipice ; et, à l'extérieur, deux boucs sauvages regardaient l'abîme. Comme il n'avait pas ses flèches (car son cheval était resté en arrière), il imagina de descendre jusqu'à eux ; à demi courbé, pieds nus, il arriva enfin au premier des boucs, et lui enfonça un poignard sous les côtes. Le second, pris de terreur, sauta dans le vide. Julien s'élança pour le frapper, et, glissant du pied droit, tomba sur le cadavre de l'autre, la face au-dessus de l'abîme et les deux bras écartés.

Redescendu dans la plaine, il suivit des saules qui bordaient une rivière. Des grues, volant très bas, de temps à autre passaient au-dessus de sa tête. Julien les assommait avec son fouet, et n'en manqua pas une.

Cependant l'air plus tiède avait fondu le givre, de larges vapeurs flottaient, et le soleil se montra. Il vit reluire tout au loin un lac figé, qui ressemblait à du plomb. Au milieu du lac, il y avait une bête que Julien ne connaissait pas, un castor à museau noir. Malgré la distance, une flèche l'abattit ; et il fut chagrin de ne pouvoir emporter la peau.

Puis il avança dans une avenue de grands arbres, formant avec leurs cimes comme un arc de triomphe, à l'entrée d'une forêt. Un chevreuil bondit hors d'un fourré, un daim parut dans un carrefour, un blaireau sortit d'un trou, un paon sur le gazon déploya sa queue ; — et quand il les eut tous occis, d'autres chevreuils se présentèrent, d'autres daims, d'autres blaireaux, d'autres paons, et des merles, des geais, des putois, des renards, des hérissons, des lynx, une infinité de bêtes, à chaque pas plus nombreuses. Elles tournaient autour de lui, tremblantes, avec un regard plein de douceur et de supplication. Mais Julien ne se fatiguait pas de tuer, tour à tour bandant son arbalète, dégainant l'épée, pointant du coutelas, et ne pensait à rien, n'avait souvenir de quoi que ce fût. Il était en chasse dans un pays quelconque, depuis un temps indéterminé, par le fait seul de sa propre existence, tout s'accomplissant avec la facilité que l'on éprouve dans les rêves. Un spectacle extraordinaire l'arrêta. Des cerfs emplissaient un vallon ayant la forme d'un cirque ; et tassés, les uns près des autres, ils se réchauffaient avec leurs haleines que l'on voyait fumer dans le brouillard.

L'espoir d'un pareil carnage, pendant quelques minutes, le suffoqua de plaisir. Puis il descendit de cheval, retroussa ses manches, et se mit à tirer.

Au sifflement de la première flèche, tous les cerfs à la fois tournèrent la tête. Il se fit des enfonçures dans leur masse ; des voix plaintives s'élevaient, et un grand mouvement agita le troupeau.

Le rebord du vallon était trop haut pour le franchir. Ils bondissaient dans l'enceinte, cherchant à s'échapper. Julien visait, tirait ; et les flèches tombaient comme les rayons d'une pluie d'orage. Les cerfs rendus furieux se battirent, se cabraient, montaient les uns par-dessus les autres ; et leurs corps avec leurs ramures emmêlées faisaient un large monticule, qui s'écroulait, en se déplaçant.

Enfin ils moururent, couchés sur le sable, la bave aux naseaux, les entrailles sorties, et l'ondulation de leurs ventres s'abaissant par degrés. Puis tout fut immobile.

La nuit allait venir ; et derrière le bois, dans les intervalles des branches, le ciel était rouge comme une nappe de sang.

Julien s'adossa contre un arbre. Il contemplait d'un œil béant l'énormité du massacre, ne comprenant pas comment il avait pu le faire.

De l'autre côté du vallon sur le bord de la forêt, il aperçut un cerf, une biche et son faon.

Le cerf, qui était noir et monstrueux de taille, portait seize andouillers[1] avec une barbe blanche. La biche, blonde comme les feuilles mortes, broutait le gazon ; et le faon tacheté, sans l'interrompre dans sa marche, lui tétait la mamelle.

L'arbalète encore une fois ronfla. Le faon, tout de suite, fut tué. Alors sa mère, en regardant le ciel, brama d'une voix profonde, déchirante, humaine.

---

1. Ramifications des bois du cerf.

Julien exaspéré, d'un coup en plein poitrail, l'étendit par terre.

Le grand cerf l'avait vu, fit un bond. Julien lui envoya sa dernière flèche. Elle l'atteignit au front, et y resta plantée.

Le grand cerf n'eut pas l'air de la sentir ; en enjambant par-dessus les morts, il avançait toujours, allait fondre sur lui, l'éventrer ; et Julien reculait dans une épouvante indicible. Le prodigieux animal s'arrêta ; et les yeux flamboyants, solennel comme un patriarche et comme un justicier, pendant qu'une cloche au loin tintait, il répéta trois fois :

— « Maudit ! maudit ! maudit ! Un jour, cœur féroce, tu assassineras ton père et ta mère ! »

Il plia les genoux, ferma doucement ses paupières, et mourut.

Julien fut stupéfait, puis accablé d'une fatigue soudaine ; et un dégoût, une tristesse immense l'envahit. Le front dans les deux mains, il pleura pendant longtemps.

Son cheval était perdu ; ses chiens l'avaient abandonné ; la solitude qui l'enveloppait lui sembla toute menaçante des périls indéfinis. Alors, poussé par un effroi, il prit sa course à travers la campagne, choisit au hasard un sentier, et se trouva presque immédiatement à la porte du château.

La nuit, il ne dormit pas. Sous le vacillement de la lampe suspendue, il revoyait toujours le grand cerf noir. Sa prédiction l'obsédait ; il se débattait contre elle. « Non ! non ! non ! je ne peux pas les tuer ! » puis, il songeait : « Si je le voulais, pourtant ?…» et il avait peur que le Diable ne lui en inspirât l'envie.

Durant trois mois, sa mère en angoisse pria au chevet de son lit, et son père, en gémissant, marchait continuellement dans les couloirs. Il manda les maîtres mires[1] les plus fameux, lesquels ordonnèrent des quantités de drogues. Le mal de Julien, disaient-ils, avait pour cause un vent funeste, ou un désir d'amour. Mais le jeune homme, à toutes les questions, secouait la tête.

Les forces lui revinrent ; et on le promenait dans la cour, le vieux moine et le bon seigneur le soutenant chacun par un bras.

Quand il fut rétabli complètement, il s'obstina à ne point chasser.

Son père, le voulant réjouir, lui fit cadeau d'une grande épée sarrasine.

Elle était au haut d'un pilier, dans une panoplie. Pour l'atteindre, il fallut une échelle. Julien y monta. L'épée trop lourde lui échappa des doigts, et en tombant frôla le bon seigneur de si près que sa houppelande[2] en fut coupée ; Julien crut avoir tué son père, et s'évanouit.

Dès lors, il redouta les armes. L'aspect d'un fer nu le faisait pâlir. Cette faiblesse était une désolation pour sa famille.

Enfin le vieux moine, au nom de Dieu, de l'honneur et des ancêtres, lui commanda de reprendre ses exercices de gentilhomme.

Les écuyers, tous les jours, s'amusaient au maniement de la javeline. Julien y excella bien vite. Il envoyait

---

1. Les médecins.
2. Ample manteau.

la sienne dans le goulot des bouteilles, cassait les dents des girouettes, frappait à cent pas les clous des portes.

Un soir d'été, à l'heure où la brume rend les choses indistinctes, étant sous la treille du jardin, il aperçut tout au fond deux ailes blanches qui voletaient à la hauteur de l'espalier. Il ne douta pas que ce ne fût une cigogne ; et il lança son javelot.

Un cri déchirant partit.

C'était sa mère, dont le bonnet à longues barbes restait cloué contre le mur.

Julien s'enfuit du château, et ne reparut plus.

II

Il s'engagea dans une troupe d'aventuriers qui passaient.

Il connut la faim, la soif, les fièvres et la vermine. Il s'accoutuma au fracas des mêlées, à l'aspect des moribonds. Le vent tanna sa peau. Ses membres se durcirent par le contact des armures ; et comme il était très fort, courageux, tempérant, avisé, il obtint sans peine le commandement d'une compagnie.

Au début des batailles, il enlevait ses soldats d'un grand geste de son épée. Avec une corde à nœuds, il grimpait aux murs des citadelles, la nuit, balancé par l'ouragan, pendant que les flammèches du feu grégeois[1] se collaient à sa cuirasse, et que la résine bouillante et le plomb fondu ruisselaient des créneaux. Souvent le heurt d'une pierre fracassa son bouclier. Des ponts trop chargés d'hommes croulèrent sous lui. En tournant une masse d'armes, il se débarrassa de quatorze cavaliers. Il défit, en champ clos, tous ceux qui se proposèrent. Plus de vingt fois, on le crut mort.

---

1. Composition incendiaire qui brûlait même au contact de l'eau.

Grâce à la faveur divine, il en réchappa toujours ; car il protégeait les gens d'église, les orphelins, les veuves, et principalement les vieillards. Quand il en voyait un marchant devant lui, il criait pour connaître sa figure, comme s'il avait eu peur de le tuer par méprise.

Des esclaves en fuite, des manants révoltés, des bâtards sans fortune, toutes sortes d'intrépides affluèrent sous son drapeau, et il se composa une armée.

Elle grossit. Il devint fameux. On le recherchait.

Tour à tour, il secourut le Dauphin de France et le roi d'Angleterre, les templiers de Jérusalem[1], le suréna des Parthes[2], le négus d'Abyssinie[3], et l'empereur de Calicut[4]. Il combattit des Scandinaves recouverts d'écailles de poisson, des Nègres munis de rondaches[5] en cuir d'hippopotame et montés sur des ânes rouges, des Indiens couleur d'or et brandissant par-dessus leurs diadèmes de larges sabres, plus clairs que des miroirs. Il vainquit les Troglodytes et les Anthropophages[6]. Il traversa des régions si torrides que sous l'ardeur du soleil les chevelures s'allumaient d'elles-mêmes, comme des flambeaux ; et

1. Les templiers désignent les chevaliers de l'ordre du Temple, fondé en 1119.
2. « Suréna » est un titre attribué à des hauts dignitaires de Parthes.
3. Négus est le titre du souverain d'Éthiopie.
4. Port de l'Inde.
5. Boucliers ronds.
6. La majuscule transforme les anthropophages en un peuple particulier, à l'image des Troglodytes, que les géographes de l'Antiquité situaient près de la mer Rouge.

d'autres qui étaient si glaciales que les bras, se déta-
chant du corps, tombaient par terre ; et des pays où
il y avait tant de brouillard que l'on marchait envi-
ronné de fantômes.

Des républiques en embarras le consultèrent. Aux
entrevues d'ambassadeurs, il obtenait des conditions
inespérées. Si un monarque se conduisait trop mal, il
arrivait tout à coup, et lui faisait des remontrances.
Il affranchit des peuples. Il délivra des reines enfer-
mées dans des tours. C'est lui, et pas un autre, qui
assomma la guivre de Milan et le dragon d'Oberbirbach[1].

Or l'empereur d'Occitanie[2], ayant triomphé des
Musulmans espagnols, s'était joint par concubinage à
la sœur du calife de Cordoue ; et il en conservait
une fille, qu'il avait élevée chrétiennement. Mais le
calife, faisant mine de vouloir se convertir, vint lui
rendre visite, accompagné d'une escorte nombreuse,
massacra toute sa garnison, et le plongea dans un
cul-de-basse-fosse[3], où il le traitait durement, afin
d'en extirper des trésors.

Julien accourut à son aide, détruisit l'armée des in-
fidèles, assiégea la ville, tua le calife, coupa sa tête, et
la jeta comme une boule par-dessus les remparts. Puis
il tira l'empereur de sa prison, et le fit remonter sur
son trône, en présence de toute sa cour.

---

1. La guivre de Milan et le dragon d'Oberbirbach sont respec-
tivement un serpent fantastique et un dragon présents dans les
légendes médiévales.
2. L'Occitanie est le nom donné à l'ensemble des pays de
langue d'oc.
3. Cachot souterrain.

L'empereur, pour prix d'un tel service, lui présenta dans des corbeilles beaucoup d'argent ; Julien n'en voulut pas. Croyant qu'il en désirait davantage, il lui offrit les trois quarts de ses richesses ; nouveau refus ; puis de partager son royaume ; Julien le remercia ; et l'empereur en pleurait de dépit, ne sachant de quelle manière témoigner sa reconnaissance, quand il se frappa le front, dit un mot à l'oreille d'un courtisan ; les rideaux d'une tapisserie se relevèrent, et une jeune fille parut.

Ses grands yeux noirs brillaient comme deux lampes très douces. Un sourire charmant écartait ses lèvres. Les anneaux de sa chevelure s'accrochaient aux pierreries de sa robe entrouverte ; et, sous la transparence de sa tunique, on devinait la jeunesse de son corps. Elle était toute mignonne et potelée, avec la taille fine.

Julien fut ébloui d'amour, d'autant plus qu'il avait mené jusqu'alors une vie très chaste.

Donc il reçut en mariage la fille de l'empereur, avec un château qu'elle tenait de sa mère ; et, les noces étant terminées, on se quitta, après des politesses infinies de part et d'autre.

C'était un palais de marbre blanc, bâti à la mauresque, sur un promontoire, dans un bois d'orangers. Des terrasses de fleurs descendaient jusqu'au bord d'un golfe, où des coquilles roses craquaient sous les pas. Derrière le château, s'étendait une forêt ayant le dessin d'un éventail. Le ciel continuellement était bleu, et les arbres se penchaient tour à tour sous la brise de la mer et le vent des montagnes, qui fermaient au loin l'horizon.

Les chambres, pleines de crépuscule, se trouvaient éclairées par les incrustations des murailles. De hautes colonnettes, minces comme des roseaux, supportaient la voûte des coupoles, décorées de reliefs imitant les stalactites des grottes.

Il y avait des jets d'eau dans les salles, des mosaïques dans les cours, des cloisons festonnées, mille délicatesses d'architecture, et partout un tel silence que l'on entendait le frôlement d'une écharpe ou l'écho d'un soupir.

Julien ne faisait plus la guerre. Il se reposait, entouré d'un peuple tranquille ; et chaque jour, une foule passait devant lui, avec des génuflexions et des baisemains à l'orientale.

Vêtu de pourpre, il restait accoudé dans l'embrasure d'une fenêtre, en se rappelant ses chasses d'autrefois ; et il aurait voulu courir sur le désert après les gazelles et les autruches, être caché dans les bambous à l'affût des léopards, traverser des forêts pleines de rhinocéros, atteindre au sommet des monts les plus inaccessibles pour viser mieux les aigles, et sur les glaçons de la mer combattre les ours blancs.

Quelquefois, dans un rêve, il se voyait comme notre père Adam au milieu du Paradis, entre toutes les bêtes ; en allongeant le bras, il les faisait mourir ; ou bien, elles défilaient, deux à deux, par rang de taille, depuis les éléphants et les lions jusqu'aux hermines et aux canards, comme le jour qu'elles entrèrent dans l'arche de Noé. À l'ombre d'une caverne, il dardait sur elles des javelots infaillibles ; il en survenait d'autres ; cela n'en finissait pas ; et il se réveillait en roulant des yeux farouches.

Des princes de ses amis l'invitèrent à chasser. Il s'y refusa toujours, croyant, par cette sorte de pénitence, détourner son malheur ; car il lui semblait que du meurtre des animaux dépendait le sort de ses parents. Mais il souffrait de ne pas les voir, et son autre envie devenait insupportable.

Sa femme, pour le récréer, fit venir des jongleurs et des danseuses.

Elle se promenait avec lui, en litière ouverte, dans la campagne ; d'autres fois, étendus sur le bord d'une chaloupe, ils regardaient les poissons vagabonder dans l'eau, claire comme le ciel. Souvent elle lui jetait des fleurs au visage ; accroupie devant ses pieds, elle tirait des airs d'une mandoline à trois cordes ; puis, lui posant sur l'épaule ses deux mains jointes, disait d'une voix timide :

— « Qu'avez-vous donc, cher seigneur ? »

Il ne répondait pas, ou éclatait en sanglots ; enfin, un jour, il avoua son horrible pensée.

Elle la combattit, en raisonnant très bien : son père et sa mère, probablement, étaient morts ; si jamais il les revoyait, par quel hasard, dans quel but, arriverait-il à cette abomination ? Donc, sa crainte n'avait pas de cause, et il devait se remettre à chasser.

Julien souriait en l'écoutant, mais ne se décidait pas à satisfaire son désir.

Un soir du mois d'août qu'ils étaient dans leur chambre, elle venait de se coucher et il s'agenouillait pour sa prière quand il entendit le jappement d'un renard, puis des pas légers sous la fenêtre ; et il entrevit dans l'ombre comme des apparences d'animaux. La tentation était trop forte. Il décrocha son carquois.

Elle parut surprise.

— « C'est pour t'obéir ! » dit-il, « au lever du soleil, je serai revenu. »

Cependant elle redoutait une aventure funeste.

Il la rassura, puis sortit, étonné de l'inconséquence de son humeur.

Peu de temps après, un page vint annoncer que deux inconnus, à défaut du seigneur absent, réclamaient tout de suite la seigneuresse.

Et bientôt entrèrent dans la chambre un vieil homme et une vieille femme, courbés, poudreux, en habits de toile, et s'appuyant chacun sur un bâton.

Ils s'enhardirent et déclarèrent qu'ils apportaient à Julien des nouvelles de ses parents.

Elle se pencha pour les entendre.

Mais, s'étant concertés du regard, ils lui demandèrent s'il les aimait toujours, s'il parlait d'eux quelquefois.

— « Oh ! oui ! » dit-elle.

Alors, ils s'écrièrent :

— « Eh bien ! c'est nous ! » et ils s'assirent, étant fort las et recrus de fatigue.

Rien n'assurait à la jeune femme que son époux fût leur fils.

Ils en donnèrent la preuve, en décrivant des signes particuliers qu'il avait sur la peau.

Elle sauta hors de sa couche, appela son page, et on leur servit un repas.

Bien qu'ils eussent grand-faim, ils ne pouvaient guère manger ; et elle observait à l'écart le tremblement de leurs mains osseuses, en prenant les gobelets.

Ils firent mille questions sur Julien. Elle répondait à chacune, mais eut soin de taire l'idée funèbre qui les concernait.

Ne le voyant pas revenir, ils étaient partis de leur château ; et ils marchaient depuis plusieurs années, sur de vagues indications, sans perdre l'espoir. Il avait fallu tant d'argent au péage des fleuves et dans les hôtelleries, pour les droits des princes et les exigences des voleurs, que le fond de leur bourse était vide, et qu'ils mendiaient maintenant. Qu'importe, puisque bientôt ils embrasseraient leur fils ? Ils exaltaient son bonheur d'avoir une femme aussi gentille, et ne se lassaient point de la contempler et de la baiser.

La richesse de l'appartement les étonnait beaucoup ; et le vieux, ayant examiné les murs, demanda pourquoi s'y trouvait le blason de l'empereur d'Occitanie.

Elle répliqua :

— « C'est mon père ! »

Alors il tressaillit, se rappelant la prédiction du Bohême ; et la vieille songeait à la parole de l'Ermite. Sans doute la gloire de son fils n'était que l'aurore des splendeurs éternelles ; et tous les deux restaient béants, sous la lumière du candélabre qui éclairait la table.

Ils avaient dû être très beaux dans leur jeunesse. La mère avait encore tous ses cheveux, dont les bandeaux fins, pareils à des plaques de neige, pendaient jusqu'au bas de ses joues ; et le père, avec sa taille haute et sa grande barbe, ressemblait à une statue d'église.

La femme de Julien les engagea à ne pas l'attendre. Elle les coucha elle-même dans son lit, puis ferma la croisée ; ils s'endormirent. Le jour allait paraître, et, derrière le vitrail, les petits oiseaux commençaient à chanter.

Julien avait traversé le parc ; et il marchait dans la forêt d'un pas nerveux, jouissant de la mollesse du gazon et de la douceur de l'air.

Les ombres des arbres s'étendaient sur la mousse. Quelquefois la lune faisait des taches blanches dans les clairières, et il hésitait à avancer, croyant apercevoir une flaque d'eau, ou bien la surface de mares tranquilles se confondait avec la couleur de l'herbe. C'était partout un grand silence ; et il ne découvrit aucune des bêtes qui, peu de minutes auparavant, erraient à l'entour de son château.

Le bois s'épaissit, l'obscurité devint profonde. Des bouffées de vent chaud passaient, pleines de senteurs amollissantes. Il enfonçait dans des tas de feuilles mortes, et il s'appuya contre un chêne pour haleter un peu.

Tout à coup, derrière son dos, bondit une masse plus noire, un sanglier. Julien n'eut pas le temps de saisir son arc, et il s'en affligea comme d'un malheur.

Puis, étant sorti du bois, il aperçut un loup qui filait le long d'une haie.

Julien lui envoya une flèche. Le loup s'arrêta, tourna la tête pour le voir et reprit sa course. Il trottait en gardant toujours la même distance, s'arrêtait de temps à autre, et, sitôt qu'il était visé, recommençait à fuir.

Julien parcourut de cette manière une plaine interminable, puis des monticules de sable, et enfin il se trouva sur un plateau dominant un grand espace de pays. Des pierres plates étaient clairsemées entre des caveaux en ruines. On trébuchait sur des ossements de morts ; de place en place, des croix vermoulues se penchaient d'un air lamentable. Mais des formes remuèrent dans l'ombre indécise des tombeaux ; et il en surgit des hyènes, tout effarées, pantelantes. En faisant claquer leurs ongles sur les dalles, elles vinrent à lui et le flairaient avec un bâillement qui découvrait leurs gencives. Il dégaina son sabre. Elles partirent à la fois dans toutes les directions, et, continuant leur galop boiteux et précipité, se perdirent au loin sous un flot de poussière.

Une heure après, il rencontra dans un ravin un taureau furieux, les cornes en avant, et qui grattait le sable avec son pied. Julien lui pointa sa lance sous les fanons. Elle éclata, comme si l'animal eût été de bronze ; il ferma les yeux, attendant sa mort. Quand il les rouvrit, le taureau avait disparu.

Alors son âme s'affaissa de honte. Un pouvoir supérieur détruisait sa force ; et, pour s'en retourner chez lui, il rentra dans la forêt.

Elle était embarrassée de lianes ; et il les coupait avec son sabre quand une fouine glissa brusquement entre ses jambes, une panthère fit un bond par-dessus son épaule, un serpent monta en spirale autour d'un frêne.

Il y avait dans son feuillage un choucas[1] monstrueux, qui regardait Julien ; et çà et là, parurent entre les branches quantité de larges étincelles, comme si le firmament eût fait pleuvoir dans la forêt toutes ses étoiles. C'étaient des yeux d'animaux, des chats sauvages, des écureuils, des hiboux, des perroquets, des singes.

Julien darda contre eux ses flèches ; les flèches, avec leurs plumes, se posaient sur les feuilles comme des papillons blancs. Il leur jeta des pierres ; les pierres, sans rien toucher, retombaient. Il se maudit, aurait voulu se battre, hurla des imprécations, étouffait de rage.

Et tous les animaux qu'il avait poursuivis se représentèrent, faisant autour de lui un cercle étroit. Les uns étaient assis sur leur croupe, les autres dressés de toute leur taille. Il restait au milieu, glacé de terreur, incapable du moindre mouvement. Par un effort suprême de sa volonté, il fit un pas ; ceux qui perchaient sur les arbres ouvrirent leurs ailes, ceux qui foulaient le sol déplacèrent leurs membres ; et tous l'accompagnaient.

Les hyènes marchaient devant lui, le loup et le sanglier par-derrière. Le taureau, à sa droite, balançait la tête ; et, à sa gauche, le serpent ondulait dans les herbes, tandis que la panthère, bombant son dos, avançait à pas de velours et à grandes enjambées. Il allait le plus lentement possible pour ne pas les irriter ; et il voyait sortir de la profondeur des buissons

---

1. Oiseau voisin de la corneille.

des porcs-épics, des renards, des vipères, des chacals et des ours.

Julien se mit à courir ; ils coururent. Le serpent
sifflait, les bêtes puantes bavaient. Le sanglier lui frot-
tait les talons avec ses défenses, le loup l'intérieur de
ses mains avec les poils de son museau. Les singes le
pinçaient en grimaçant, la fouine se roulait sur ses
pieds. Un ours, d'un revers de patte, lui enleva son
chapeau ; et la panthère, dédaigneusement, laissa tomber une flèche qu'elle portait à sa gueule.

Une ironie perçait dans leurs allures sournoises.
Tout en l'observant du coin de leurs prunelles, ils semblaient méditer un plan de vengeance ; et, assourdi par
le bourdonnement des insectes, battu par des queues
d'oiseau, suffoqué par des haleines, il marchait les bras
tendus et les paupières closes comme un aveugle, sans
même avoir la force de crier « grâce ! »

Le chant d'un coq vibra dans l'air. D'autres y répondirent ; c'était le jour ; et il reconnut, au-delà des
orangers, le faîte de son palais.

Puis, au bord d'un champ, il vit, à trois pas d'intervalles, des perdrix rouges qui voletaient dans les
chaumes. Il dégrafa son manteau, et l'abattit sur
elles comme un filet. Quand il les eut découvertes,
il n'en trouva qu'une seule, et morte depuis longtemps, pourrie.

Cette déception l'exaspéra plus que toutes les
autres. Sa soif de carnage le reprenait ; les bêtes
manquant, il aurait voulu massacrer des hommes.

Il gravit les trois terrasses, enfonça la porte d'un
coup de poing ; mais, au bas de l'escalier, le souvenir

de sa chère femme détendit son cœur. Elle dormait sans doute, et il allait la surprendre.

Ayant retiré ses sandales, il tourna doucement la serrure, et entra.

Les vitraux garnis de plomb obscurcissaient la pâleur de l'aube. Julien se prit les pieds dans des vêtements, par terre ; un peu plus loin, il heurta une crédence[1] encore chargée de vaisselle. « Sans doute, elle aura mangé », se dit-il ; et il avançait vers le lit, perdu dans les ténèbres au fond de la chambre. Quand il fut au bord, afin d'embrasser sa femme, il se pencha sur l'oreiller où les deux têtes reposaient l'une près de l'autre. Alors, il sentit contre sa bouche l'impression d'une barbe.

Il se recula, croyant devenir fou ; mais il revint près du lit, et ses doigts, en palpant, rencontrèrent des cheveux qui étaient très longs. Pour se convaincre de son erreur, il repassa lentement la main sur l'oreiller. C'était bien une barbe, cette fois, et un homme ! un homme couché avec sa femme !

Éclatant d'une colère démesurée, il bondit sur eux à coups de poignard ; et il trépignait, écumait, avec des hurlements de bête fauve. Puis il s'arrêta. Les morts, percés au cœur, n'avaient même pas bougé. Il écoutait attentivement leurs deux râles presque égaux, et, à mesure qu'ils s'affaiblissaient, un autre, tout au loin, les continuait. Incertaine d'abord, cette voix plaintive longuement poussée, se rapprochait, s'enfla, devint cruelle ; et il reconnut, terrifié, le bramement du grand cerf noir.

---

1. Une crédence est un meuble de rangement et d'exposition de la vaisselle.

Et comme il se retournait, il crut voir dans l'enca-
drure de la porte, le fantôme de sa femme, une lumière à la main.

Le tapage du meurtre l'avait attirée. D'un large
coup d'œil, elle comprit tout, et s'enfuyant d'horreur
laissa tomber son flambeau.

Il le ramassa.

Son père et sa mère étaient devant lui, étendus
sur le dos avec un trou dans la poitrine ; et leurs visages, d'une majestueuse douceur, avaient l'air de
garder comme un secret éternel. Des éclaboussures
et des flaques de sang s'étalaient au milieu de leur
peau blanche, sur les draps du lit, par terre, le long
d'un Christ d'ivoire suspendu dans l'alcôve. Le reflet
écarlate du vitrail, alors frappé par le soleil, éclairait
ces taches rouges, et en jetait de plus nombreuses
dans tout l'appartement. Julien marcha vers les deux
morts en se disant, en voulant croire, que cela n'était
pas possible, qu'il s'était trompé, qu'il y a parfois des
ressemblances inexplicables. Enfin, il se baissa légèrement pour voir de tout près le vieillard ; et il aperçut, entre ses paupières mal fermées, une prunelle
éteinte qui le brûla comme du feu. Puis il se porta de
l'autre côté de la couche, occupé par l'autre corps,
dont les cheveux blancs masquaient une partie de la
figure. Julien lui passa les doigts sous ses bandeaux,
leva sa tête ; — et il la regardait, en la tenant au
bout de son bras roidi, pendant que de l'autre main
il s'éclairait avec le flambeau. Des gouttes, suintant
du matelas, tombaient une à une sur le plancher.

À la fin du jour, il se présenta devant sa femme ;
et, d'une voix différente de la sienne, il lui commanda

premièrement de ne pas lui répondre, de ne pas l'approcher, de ne plus même le regarder, et qu'elle eût à suivre, sous peine de damnation, tous ses ordres qui étaient irrévocables.

Les funérailles seraient faites selon les instructions qu'il avait laissées par écrit, sur un prie-Dieu, dans la chambre des morts. Il lui abandonnait son palais, ses vassaux, tous ses biens, sans même retenir les vêtements de son corps, et ses sandales, que l'on trouverait au haut de l'escalier.

Elle avait obéi à la volonté de Dieu, en occasionnant son crime, et devait prier pour son âme, puisque désormais il n'existait plus.

On enterra les morts avec magnificence, dans l'église d'un monastère à trois journées du château. Un moine en cagoule rabattue suivit le cortège, loin de tous les autres, sans que personne osât lui parler.

Il resta pendant la messe, à plat ventre au milieu du portail, les bras en croix, et le front dans la poussière.

Après l'ensevelissement, on le vit prendre le chemin qui menait aux montagnes. Il se retourna plusieurs fois, et finit par disparaître.

III

Il s'en alla, mendiant sa vie par le monde.

Il tendait sa main aux cavaliers sur les routes, avec des génuflexions s'approchait des moissonneurs, ou restait immobile devant la barrière des cours ; et son visage était si triste que jamais on ne lui refusait l'aumône.

Par esprit d'humilité, il racontait son histoire ; alors tous s'enfuyaient, en faisant des signes de croix. Dans les villages où il avait déjà passé, sitôt qu'il était reconnu, on fermait les portes, on lui criait des menaces, on lui jetait des pierres. Les plus charitables posaient une écuelle sur le bord de leur fenêtre, puis fermaient l'auvent[1] pour ne pas l'apercevoir.

Repoussé de partout, il évita les hommes ; et il se nourrit de racines, de plantes, de fruits perdus, et de coquillages qu'il cherchait le long des grèves.

Quelquefois, au tournant d'une côte, il voyait sous ses yeux une confusion de toits pressés, avec des flèches de pierre, des ponts, des tours, des rues noi-

---

1. Petit toit au-dessus d'une fenêtre destiné à protéger de la pluie. Ici, Flaubert utilise le terme au sens de fenêtre.

res s'entrecroisant, et d'où montait jusqu'à lui un bourdonnement continuel.

Le besoin de se mêler à l'existence des autres le faisait descendre dans la ville. Mais l'air bestial des figures, le tapage des métiers, l'indifférence des propos glaçaient son cœur. Les jours de fête, quand le bourdon des cathédrales mettait en joie dès l'aurore le peuple entier, il regardait les habitants sortir de leurs maisons, puis les danses sur les places, les fontaines de cervoise[1] dans les carrefours, les tentures de damas devant le logis des princes, et le soir venu, par le vitrage des rez-de-chaussée, les longues tables de famille où des aïeux tenaient des petits enfants sur leurs genoux ; des sanglots l'étouffaient, et il s'en retournait vers la campagne.

Il contemplait avec des élancements d'amour les poulains dans les herbages, les oiseaux dans leurs nids, les insectes sur les fleurs ; tous, à son approche, couraient plus loin, se cachaient effarés, s'envolaient bien vite.

Il recherchait les solitudes. Mais le vent apportait à son oreille comme des râles d'agonie ; les larmes de la rosée tombant par terre lui rappelaient d'autres gouttes d'un poids plus lourd. Le soleil, tous les soirs, étalait du sang dans les nuages ; et chaque nuit, en rêve, son parricide recommençait.

Il se fit un cilice[2] avec des pointes de fer. Il monta sur les deux genoux toutes les collines ayant une

---

1. Bière fabriquée dans l'Antiquité et au Moyen Âge avec de l'orge.
2. Ceinture en matière rugueuse que l'on porte pour faire pénitence.

chapelle à leur sommet. Mais l'impitoyable pensée obscurcissait la splendeur des tabernacles[1], le torturait à travers les macérations[2] de la pénitence.

Il ne se révoltait pas contre Dieu qui lui avait infligé cette action, et pourtant se désespérait de l'avoir pu commettre.

Sa propre personne lui faisait tellement horreur qu'espérant s'en délivrer il l'aventura dans des périls. Il sauva des paralytiques des incendies, des enfants du fond des gouffres. L'abîme le rejetait, les flammes l'épargnaient.

Le temps n'apaisa pas sa souffrance. Elle devenait intolérable. Il résolut de mourir.

Et un jour qu'il se trouvait au bord d'une fontaine, comme il se penchait dessus pour juger de la profondeur de l'eau, il vit paraître en face de lui un vieillard tout décharné, à barbe blanche et d'un aspect si lamentable qu'il lui fut impossible de retenir ses pleurs. L'autre, aussi, pleurait. Sans reconnaître son image, Julien se rappelait confusément une figure ressemblant à celle-là. Il poussa un cri ; c'était son père ; et il ne pensa plus à se tuer.

Ainsi, portant le poids de son souvenir, il parcourut beaucoup de pays ; et il arriva près d'un fleuve dont la traversée était dangereuse, à cause de sa violence et parce qu'il y avait sur les rives une grande étendue de vase. Personne depuis longtemps n'osait plus le passer.

---

1. Ce sont les petites armoires dans lesquelles le prêtre conserve les hosties.
2. Souffrances et privations que l'on s'inflige pour faire pénitence.

Une vieille barque, enfouie à l'arrière, dressait sa proue dans les roseaux. Julien en l'examinant découvrit une paire d'avirons ; et l'idée lui vint d'employer son existence au service des autres.

Il commença par établir sur la berge une manière de chaussée qui permettrait de descendre jusqu'au chenal ; et il se brisait les ongles à remuer les pierres énormes, les appuyait contre son ventre pour les transporter, glissait dans la vase, y enfonçait, manqua périr plusieurs fois.

Ensuite, il répara le bateau avec des épaves de navires, et il se fit une cahute avec de la terre glaise et des troncs d'arbres.

Le passage étant connu, les voyageurs se présentèrent. Ils l'appelaient de l'autre bord, en agitant des drapeaux ; Julien bien vite sautait dans sa barque. Elle était très lourde ; et on la surchargeait par toutes sortes de bagages et de fardeaux, sans compter les bêtes de somme, qui, ruant de peur, augmentaient l'encombrement. Il ne demandait rien pour sa peine ; quelques-uns lui donnaient des restes de victuailles qu'ils tiraient de leur bissac[1] ou des habits trop usés dont ils ne voulaient plus. Des brutaux vociféraient des blasphèmes. Julien les reprenait avec douceur ; et ils ripostaient par des injures. Il se contentait de les bénir.

Une petite table, un escabeau, un lit de feuilles mortes et trois coupes d'argile, voilà tout ce qu'était son mobilier. Deux trous dans la muraille servaient de fenêtres. D'un côté, s'étendaient à perte de vue

_____
1. Sorte de besace.

des plaines stériles ayant sur leur surface de pâles étangs çà et là ; et le grand fleuve, devant lui, roulait ses flots verdâtres. Au printemps, la terre humide avait une odeur de pourriture. Puis, un vent désordonné soulevait la poussière en tourbillons. Elle entrait partout, embourbait l'eau, craquait sous les gencives. Un peu plus tard, c'était des nuages de moustiques, dont la susurration et les piqûres ne s'arrêtaient ni jour ni nuit. Ensuite, survenaient d'atroces gelées qui donnaient aux choses la rigidité de la pierre, et inspiraient un besoin fou de manger de la viande.

Des mois s'écoulaient sans que Julien vît personne. Souvent il fermait les yeux, tâchant, par la mémoire, de revenir dans sa jeunesse ; — et la cour d'un château apparaissait avec des lévriers sur un perron, des valets dans la salle d'armes, et, sous un berceau de pampres, un adolescent à cheveux blonds entre un vieillard couvert de fourrures et une dame à grand hennin ; tout à coup, les deux cadavres étaient là. Il se jetait à plat ventre sur son lit, et répétait en pleurant :

— « Ah ! pauvre père ! pauvre mère ! pauvre mère ! » et tombait dans un assoupissement où les visions funèbres continuaient.

Une nuit qu'il dormait, il crut entendre quelqu'un l'appeler. Il tendit l'oreille et ne distingua que le mugissement des flots.

Mais la voix reprit :

— « Julien ! »

Elle venait de l'autre bord, ce qui lui parut extraordinaire, vu la largeur du fleuve.

Une troisième fois on appela :
— « Julien ! »

Et cette voix haute avait l'intonation d'une cloche d'église.

Ayant allumé sa lanterne, il sortit de la cahute. Un ouragan furieux emplissait la nuit. Les ténèbres étaient profondes, et çà et là déchirées par la blancheur des vagues qui bondissaient.

Après une minute d'hésitation, Julien dénoua l'amarre. L'eau, tout de suite, devint tranquille, la barque glissa dessus et toucha l'autre berge, où un homme attendait.

Il était enveloppé d'une toile en lambeaux, la figure pareille à un masque de plâtre et les deux yeux plus rouges que des charbons. En approchant de lui la lanterne, Julien s'aperçut qu'une lèpre hideuse le recouvrait ; cependant, il avait dans son attitude comme une majesté de roi.

Dès qu'il entra dans la barque, elle enfonça prodigieusement, écrasée par son poids ; une secousse la remonta ; et Julien se mit à ramer.

À chaque coup d'aviron, le ressac des flots la soulevait par l'avant. L'eau, plus noire que de l'encre, courait avec furie des deux côtés du bordage. Elle creusait des abîmes, elle faisait des montagnes, et la chaloupe sautait dessus, puis redescendait dans des profondeurs où elle tournoyait, ballottée par le vent.

Julien penchait son corps, dépliait les bras, et, s'arc-boutant des pieds, se renversait avec une torsion de la taille, pour avoir plus de force. La grêle cinglait ses mains, la pluie coulait dans son dos, la violence de l'air l'étouffait, il s'arrêta. Alors le bateau fut emporté à la dérive. Mais, comprenant qu'il s'agissait d'une chose considérable, d'un ordre auquel il ne fallait pas désobéir, il reprit ses avirons ; et le claquement des tolets[1] coupait la clameur de la tempête.

La petite lanterne brûlait devant lui. Des oiseaux, en voletant, la cachaient par intervalles. Mais toujours il apercevait les prunelles du Lépreux qui se tenait debout à l'arrière, immobile comme une colonne.

Et cela dura longtemps, très longtemps !

Quand ils furent arrivés dans la cahute, Julien ferma la porte ; et il le vit siégeant sur l'escabeau. L'espèce de linceul qui le recouvrait était tombé jusqu'à ses hanches ; et ses épaules, sa poitrine, ses bras maigres disparaissaient sous des plaques de pustules écailleuses. Des rides énormes labouraient son front. Tel qu'un squelette, il avait un trou à la place du nez ; et ses lèvres bleuâtres dégageaient une haleine épaisse comme du brouillard, et nauséabonde.

— « J'ai faim ! » dit-il.

Julien lui donna ce qu'il possédait, un vieux quartier de lard et les croûtes d'un pain noir.

Quand il les eut dévorés, la table, l'écuelle et le manche du couteau portaient les mêmes taches que l'on voyait sur son corps.

Ensuite, il dit : — « J'ai soif ! »

Julien alla chercher sa cruche ; et, comme il la prenait, il en sortit un arôme qui dilata son cœur et ses narines. C'était du vin ; quelle trouvaille ! mais le

---

1. Élément autour duquel pivote une pièce mobile.

Lépreux avança le bras, et d'un trait vida toute la cruche.

Puis il dit : — « J'ai froid ! »

Julien, avec sa chandelle, enflamma un paquet de fougères, au milieu de la cabane.

Le Lépreux vint s'y chauffer ; et, accroupi sur les talons, il tremblait de tous ses membres, s'affaiblissait ; ses yeux ne brillaient plus, ses ulcères coulaient, et d'une voix presque éteinte, il murmura : — « Ton lit ! »

Julien l'aida doucement à s'y traîner, et même étendit sur lui, pour le couvrir, la toile de son bateau.

Le Lépreux gémissait. Les coins de sa bouche découvraient ses dents, un râle accéléré lui secouait la poitrine, et son ventre, à chacune de ses aspirations, se creusait jusqu'aux vertèbres.

Puis il ferma les paupières.

— « C'est comme de la glace dans mes os ! Viens près de moi ! »

Et Julien, écartant la toile, se coucha sur les feuilles mortes, près de lui, côte à côte.

Le Lépreux tourna la tête.

— « Déshabille-toi, pour que j'aie la chaleur de ton corps ! »

Julien ôta ses vêtements ; puis, nu comme au jour de sa naissance, se replaça dans le lit ; et il sentait contre sa cuisse la peau du Lépreux, plus froide qu'un serpent et rude comme une lime.

Il tâchait de l'encourager ; et l'autre répondait, en haletant :

— « Ah ! je vais mourir !.... Rapproche-toi, réchauffe-moi ! Pas avec les mains ! non ! toute ta personne. »

Julien s'étala dessus complètement, bouche contre bouche, poitrine contre poitrine.

Alors le Lépreux l'étreignit ; et ses yeux tout à coup prirent une clarté d'étoiles ; ses cheveux s'allongèrent comme les rais du soleil ; le souffle de ses narines avait la douceur des roses ; un nuage d'encens s'éleva du foyer, les flots chantaient. Cependant une abondance de délices, une joie surhumaine descendait comme une inondation dans l'âme de Julien pâmé ; et celui dont les bras le serraient toujours grandissait, grandissait, touchant de sa tête et de ses pieds les deux murs de la cabane. Le toit s'envola, le firmament se déployait ; — et Julien monta vers les espaces bleus, face à face avec Notre-Seigneur Jésus, qui l'emportait dans le ciel.

Et voilà l'histoire de saint Julien l'Hospitalier, telle à peu près qu'on la trouve, sur un vitrail d'église[1], dans mon pays[2].

_____

1. La référence est exacte : un vitrail de la cathédrale de Rouen représente la légende de saint Julien ; il date du XIIIᵉ siècle et Flaubert le connaît depuis sa jeunesse.
2. La clôture du texte, par l'utilisation d'un déterminant possessif de première personne, vise à faire apparaître la voix du conteur.

Hérodias[1]

I

La citadelle de Machærous[2] se dressait à l'orient de la mer Morte, sur un pic de basalte ayant la forme d'un cône. Quatre vallées profondes l'entouraient, deux vers les flancs, une en face, la quatrième au-delà. Des maisons se tassaient contre sa base, dans le cercle d'un mur qui ondulait suivant les inégalités du terrain ; et, par un chemin en zigzag tailladant le rocher, la ville se reliait à la forteresse, dont les murailles étaient hautes de cent vingt coudées, avec des angles nombreux, des créneaux sur le bord, et, çà et là, des tours qui faisaient comme des fleurons à cette couronne de pierres, suspendue au-dessus de l'abîme.

Il y avait dans l'intérieur un palais orné de portiques, et couvert d'une terrasse que fermait une balustrade en bois de sycomore, où des mâts étaient disposés pour tendre un vélarium[3].

---

1. Ce texte parut pour la première fois en revue dans *Le Moniteur universel*, puis en volume, le 24 avril 1877 chez Charpentier.
2. Citadelle située à l'est de la mer Morte, en Palestine. Restaurée par Hérode.
3. Vaste toile servant de tente amovible.

Un matin, avant le jour, le Tétrarque[1] Hérode-Antipas[2] vint s'y accouder, et regarda.

Les montagnes, immédiatement sous lui, commençaient à découvrir leurs crêtes, pendant que leur masse, jusqu'au fond des abîmes, était encore dans l'ombre. Un brouillard flottait, il se déchira, et les contours de la mer Morte apparurent. L'aube, qui se levait derrière Machærous, épandait une rougeur. Elle illumina bientôt les sables de la grève, les collines, le désert, et, plus loin, tous les monts de la Judée[3], inclinant leurs surfaces raboteuses et grises. Engaddi[4], au milieu, traçait une barre noire ; Hébron[5], dans l'enfoncement, s'arrondissait en dôme ; Esquol avait des grenadiers, Sorek des vignes, Karmel[6] des champs de sésame ; et la tour Antonia[7], de son cube monstrueux, dominait Jérusalem. Le Tétrarque en détourna

---

1. Gouverneur d'une partie d'une province divisée en quatre régions.

2. Septième fils d'Hérode le Grand. Tétrarque de Galiléc sous l'autorité de Rome.

3. Partie de la Palestine entre la mer Morte et la Méditerranée, autour de Jérusalem. Judée signifie « pays de Juda » ; la Judée fut le cœur du pays juif.

4. Oasis du désert de Juda, située au milieu de la côte occidentale de la mer Morte.

5. Ville de Cisjordanie, au sud-ouest de Jérusalem. C'est là que les traditions juive, musulmane et chrétienne situent le tombeau d'Abraham.

6. Esquol, Sorek, Karmel : villes situées à l'ouest de Jérusalem.

7. Nom donné à la forteresse de Jérusalem située à l'angle nord-ouest de l'esplanade du Temple. Dans les années 30 av. J.-C., Hérode le Grand la transforme et lui donne le nom d'Antonia, en l'honneur d'Antoine. L'Antonia est ensuite occupée par les Romains, au temps du Christ.

la vue pour contempler, à droite, les palmiers de Jéricho[1] ; et il songea aux autres villes de sa Galilée[2] : Capharnaüm, Endor, Nazareth, Tibérias où peut-être il ne reviendrait plus. Cependant le Jourdain[3] coulait sur la plaine aride. Toute blanche, elle éblouissait comme une nappe de neige. Le lac, maintenant, semblait en lapis-lazuli[4] ; et à sa pointe méridionale, du côté de l'Yémen, Antipas reconnut ce qu'il craignait d'apercevoir. Des tentes brunes étaient dispersées ; des hommes avec des lances circulaient entre les chevaux, et des feux s'éteignant brillaient comme des étincelles à ras du sol.

C'étaient les troupes du roi des Arabes, dont il avait répudié la fille pour prendre Hérodias[5], mariée à l'un de ses frères qui vivait en Italie, sans prétentions au pouvoir.

Antipas attendait les secours des Romains ; et Vitellius[6], gouverneur de la Syrie, tardant à paraître, il se rongeait d'inquiétudes.

---

1. Ville située à l'est de Jérusalem.
2. Région septentrionale de la Palestine.
3. Fleuve qui relie le lac de Tibériade à la mer Morte. C'est dans ses eaux que Jean-Baptiste baptisa Jésus.
4. Pierre d'un bleu azur.
5. Hérodias (ou Hérodiade) est une princesse juive. Petite-fille d'Hérode le Grand, fille d'Aristobule. Elle épousa Hérode dit Philippe avant de le quitter pour se marier avec Hérode Antipas, qui était à la fois son oncle et son beau-frère. Pour l'épouser, Hérode Antipas répudia sa propre femme, fille d'un émir.
6. Lucius Vitellius, proconsul, père du futur empereur Aulus Vitellius. Il n'existe pas de document attestant de la présence de Vitellius en Galilée au moment de la mort de saint Jean-Baptiste : Flaubert invente cette rencontre.

Agrippa[1], sans doute, l'avait ruiné chez l'Empereur[2] ? Philippe, son troisième frère, souverain de la Batanée, s'armait clandestinement. Les Juifs ne voulaient plus de ses mœurs idolâtres, tous les autres de sa domination ; si bien qu'il hésitait entre deux projets : adoucir les Arabes ou conclure une alliance avec les Parthes ; et, sous le prétexte de fêter son anniversaire, il avait convié, pour ce jour même, à un grand festin, les chefs de ses troupes, les régisseurs de ses campagnes et les principaux de la Galilée.

Il fouilla d'un regard aigu toutes les routes. Elles étaient vides. Des aigles volaient au-dessus de sa tête ; les soldats, le long du rempart, dormaient contre les murs ; rien ne bougeait dans le château.

Tout à coup, une voix lointaine, comme échappée des profondeurs de la terre, fit pâlir le Tétrarque. Il se pencha pour écouter ; elle avait disparu. Elle reprit ; et en claquant dans ses mains, il cria : — « Mannaeï ! Mannaeï ! »

Un homme se présenta, nu jusqu'à la ceinture, comme les masseurs des bains. Il était très grand, vieux, décharné, et portait sur la cuisse un coutelas dans une gaine de bronze. Sa chevelure, relevée par un peigne, exagérait la longueur de son front. Une somnolence décolorait ses yeux, mais ses dents brillaient, et ses orteils posaient légèrement sur les dalles, tout son corps ayant la souplesse d'un singe, et sa figure l'impassibilité d'une momie.

— « Où est-il ? » demanda le Tétrarque.

---

1. Petit-fils d'Hérode le Grand et frère d'Hérodias, il était opposé à Tibère et favorable à Caligula.
2. Il s'agit de Tibère.

Mannaeï répondit, en indiquant avec son pouce un objet derrière eux :

— « Là ! toujours ! »

— « J'avais cru l'entendre ! »

Et Antipas, quand il eut respiré largement, s'informa de Iaokanann, le même que les Latins appellent saint Jean-Baptiste[1]. Avait-on revu ces deux hommes, admis par indulgence, l'autre mois, dans son cachot, et savait-on, depuis lors, ce qu'ils étaient venus faire ?

Mannaeï répliqua :

— « Ils ont échangé avec lui des paroles mystérieuses, comme les voleurs, le soir, aux carrefours des routes. Ensuite ils sont partis vers la Haute-Galilée, en annonçant qu'ils apporteraient une grande nouvelle. »

Antipas baissa la tête, puis d'un air d'épouvante :

— « Garde-le ! garde-le ! Et ne laisse entrer personne ! Ferme bien la porte ! Couvre la fosse ! On ne doit pas même soupçonner qu'il vit ! »

Sans avoir reçu ces ordres, Mannaeï les accomplissait ; car Iaokanann était Juif, et il exécrait les Juifs comme tous les Samaritains[2].

Leur temple de Garizim[3], désigné par Moïse pour être le centre d'Israël, n'existait plus depuis le roi

---

1. Prophète juif qui baptisait par immersion dans l'eau du Jourdain. Jésus se fit baptiser par lui. Arrêté par Hérode Antipas, il fut décapité en 28.
2. Les Samaritains sont les habitants de la Samarie, région située entre la Galilée et la Judée. Les Samaritains et les Juifs ont de mauvais rapports. Pour un Juif, le mot « Samaritain » équivalait à « païen ».
3. Sur le mont Garizim fut édifié un temple schismatique, détruit en 128 av. J.-C. Garizim demeura après cette destruction un lieu de culte dissident au temps du Christ.

Hyrcan[1] ; et celui de Jérusalem les mettait dans la
fureur d'un outrage, et d'une injustice permanente.
Mannaeï s'y était introduit, afin d'en souiller l'autel
avec des os de morts. Ses compagnons, moins rapides, avaient été décapités.

Il l'aperçut dans l'écartement de deux collines. Le
soleil faisait resplendir ses murailles de marbre blanc
et les lames d'or de sa toiture. C'était comme une
montagne lumineuse, quelque chose de surhumain,
écrasant tout de son opulence et de son orgueil.

Alors il étendit les bras du côté de Sion[2] ; et, la
taille droite, le visage en arrière, les poings fermés,
lui jeta un anathème[3], croyant que les mots avaient
un pouvoir effectif.

Antipas écoutait, sans paraître scandalisé.

Le Samaritain dit encore :

— « Par moments il s'agite, il voudrait fuir, il espère une délivrance. D'autres fois, il a l'air tranquille
d'une bête malade ; ou bien je le vois qui marche
dans les ténèbres, en répétant : "Qu'importe ? Pour
qu'il grandisse, il faut que je diminue !" »

Antipas et Mannaeï se regardèrent. Mais le Tétrarque était las de réfléchir.

Tous ces monts autour de lui, comme des étages
de grands flots pétrifiés, les gouffres noirs sur le
flanc des falaises, l'immensité du ciel bleu, l'éclat vio-

---

1. Hyrcan Ier ou Jean Hyrcan, grand prêtre et prince juif. Il détruisit en 128 av. J.-C. le temple élevé sur le mont Garizim.
2. Nom de la colline de Jérusalem où fut construite la citadelle conquise par David. Sion désigna ensuite Jérusalem tout
entière.
3. Une malédiction.

lent du jour, la profondeur des abîmes le trou-
blaient ; et une désolation l'envahissait au spectacle
du désert, qui figure, dans le bouleversement de ses
terrains, des amphithéâtres et des palais abattus. Le
vent chaud apportait, avec l'odeur du soufre, comme
l'exhalaison des villes maudites[1], ensevelies plus bas
que le rivage sous les eaux pesantes. Ces marques
d'une colère immortelle effrayaient sa pensée, et il
restait les deux coudes sur la balustrade, les yeux
fixes et les tempes dans les mains. Quelqu'un l'avait
touché. Il se retourna. Hérodias était devant lui.

Une simarre[2] de pourpre légère l'enveloppait
jusqu'aux sandales. Sortie précipitamment de sa chambre, elle n'avait ni colliers ni pendants d'oreilles ; une
tresse de ses cheveux noirs lui tombait sur un bras, et
s'enfonçait, par le bout, dans l'intervalle de ses deux
seins. Ses narines, trop remontées, palpitaient ; la joie
d'un triomphe éclairait sa figure ; et, d'une voix forte,
secouant le Tétrarque :

— « César[3] nous aime ! Agrippa est en prison ! »

— « Qui te l'a dit ? »

— « Je le sais ! »

Elle ajouta :

— « C'est pour avoir souhaité l'empire à Caïus[4] ! »

Tout en vivant de leurs aumônes, il avait brigué le
titre de roi, qu'ils ambitionnaient comme lui. Mais

---

1. Allusion aux villes de Sodome et Gomorrhe, recouvertes par
la mer Morte.
2. Robe d'une riche étoffe.
3. Terme qui désigne tous les empereurs romains. Ici, il s'agit
de Tibère.
4. Caïus Caligula, adversaire et successeur de Tibère.

dans l'avenir plus de craintes ! — « Les cachots de
Tibère s'ouvrent difficilement, et quelquefois l'existence n'y est pas sûre ! »

Antipas la comprit ; et, bien qu'elle fût la sœur
d'Agrippa, son intention atroce lui sembla justifiée.
Ces meurtres étaient une conséquence des choses,
une fatalité des maisons royales. Dans celle d'Hérode, on ne les comptait plus.

Puis elle étala son entreprise : les clients achetés,
les lettres découvertes, des espions à toutes les portes, et comment elle était parvenue à séduire Euty-
chès[1] le dénonciateur. — « Rien ne me coûtait !
Pour toi, n'ai-je pas fait plus ?... J'ai abandonné ma
fille[2] ! »

Après son divorce, elle avait laissé dans Rome
cette enfant, espérant bien en avoir d'autres du Tétrarque. Jamais elle n'en parlait. Il se demanda pourquoi son accès de tendresse.

On avait déplié le vélarium et apporté vivement
de larges coussins auprès d'eux. Hérodias s'y affaissa,
et pleurait, en tournant le dos. Puis elle se passa la
main sur les paupières, dit qu'elle n'y voulait plus
songer, qu'elle se trouvait heureuse ; et elle lui rappela leurs causeries là-bas, dans l'atrium[3], les rencon-
tres aux étuves, leurs promenades le long de la voie

---

1. Esclave affranchi qui rapporta à Tibère les paroles pronon-
cées par Agrippa : ce dernier désirait voir Caïus Caligula devenir
empereur à la place de Tibère.
2. Hérodias, déjà mariée à Hérode Philippe avant d'épouser
Hérode Antipas, avait une fille, Salomé. Elle quitta son mari et
son enfant pour suivre Antipas.
3. Cour intérieure de la maison romaine.

Sacrée, et les soirs, dans les grandes villas, au murmure des jets d'eau, sous des arcs de fleurs, devant la campagne romaine. Elle le regardait comme autrefois, en se frôlant contre sa poitrine, avec des gestes câlins. — Il la repoussa. L'amour qu'elle tâchait de ranimer était si loin, maintenant ! Et tous ses malheurs en découlaient ; car, depuis douze ans bientôt, la guerre continuait. Elle avait vieilli le Tétrarque. Ses épaules se voûtaient dans une toge sombre, à bordure violette ; ses cheveux blancs se mêlaient à sa barbe, et le soleil, qui traversait le voile, baignait de lumière son front chagrin. Celui d'Hérodias également avait des plis ; et, l'un en face de l'autre, ils se considéraient d'une manière farouche.

Les chemins dans la montagne commencèrent à se peupler. Des pasteurs piquaient des bœufs, des enfants tiraient des ânes, des palefreniers conduisaient des chevaux. Ceux qui descendaient les hauteurs au-delà de Machærous disparaissaient derrière le château ; d'autres montaient le ravin en face, et, parvenus à la ville, déchargeaient leurs bagages dans les cours. C'étaient les pourvoyeurs du Tétrarque, et des valets, précédant ses convives.

Mais au fond de la terrasse, à gauche, un Essénien[1] parut, en robe blanche, nu-pieds, l'air stoïque. Mannaeï, du côté droit, se précipitait en levant son coutelas.

Hérodias lui cria : — « Tue-le ! »

---

1. Membre d'une secte juive caractérisée par la vie en communauté, l'ascétisme, et le port d'un vêtement blanc. Cette communauté attendait un messie.

— « Arrête ! » dit le Tétrarque.

Il devint immobile ; l'autre aussi.

Puis ils se retirèrent, chacun par un escalier différent, à reculons, sans se perdre des yeux.

— « Je le connais ! » dit Hérodias, « il se nomme Phanuel, et cherche à voir Iaokanann, puisque tu as l'aveuglement de le conserver ! »

Antipas objecta qu'il pouvait un jour servir. Ses attaques contre Jérusalem gagnaient à eux le reste des Juifs.

— « Non ! » reprit-elle, « ils acceptent tous les maîtres, et ne sont pas capables de faire une patrie ! » Quant à celui qui remuait le peuple avec des espérances conservées depuis Néhémias[1], la meilleure politique était de le supprimer.

Rien ne pressait, selon le Tétrarque. Iaokanann dangereux ! Allons donc ! Il affectait d'en rire.

— « Tais-toi ! » Et elle redit son humiliation, un jour qu'elle allait vers Galaad[2], pour la récolte du baume. — « Des gens, au bord du fleuve, remettaient leurs habits. Sur un monticule, à côté, un homme parlait. Il avait une peau de chameau autour des reins, et sa tête ressemblait à celle d'un lion. Dès qu'il m'aperçut, il cracha sur moi toutes les malédictions des prophètes. Ses prunelles flamboyaient ; sa voix rugissait ; il levait les bras, comme pour arracher le tonnerre. Impossible de fuir ! Les roues de mon char avaient du sable jusqu'aux essieux ; et je m'éloignais lentement,

---

1. Néhémias avait annoncé la résurrection d'Élie au Vᵉ siècle av. J.-C.
2. Région des hauts plateaux de Transjordanie.

m'abritant sous mon manteau, glacée par ces injures qui tombaient comme une pluie d'orage. »

Iaokanann l'empêchait de vivre. Quand on l'avait pris et lié avec des cordes, les soldats devaient le poignarder s'il résistait ; il s'était montré doux. On avait mis des serpents dans sa prison ; ils étaient morts.

L'inanité de ces embûches exaspérait Hérodias. D'ailleurs, pourquoi sa guerre contre elle ? Quel intérêt le poussait ? Ses discours, criés à des foules, s'étaient répandus, circulaient ; elle les entendait partout, ils emplissaient l'air. Contre des légions elle aurait eu de la bravoure. Mais cette force plus pernicieuse que les glaives, et qu'on ne pouvait saisir, était stupéfiante ; et elle parcourait la terrasse, blêmie par sa colère, manquant de mots pour exprimer ce qui l'étouffait.

Elle songeait aussi que le Tétrarque, cédant à l'opinion, s'aviserait peut-être de la répudier. Alors tout serait perdu ! Depuis son enfance, elle nourrissait le rêve d'un grand empire. C'était pour y atteindre que, délaissant son premier époux, elle s'était jointe à celui-là, qui l'avait dupée, pensait-elle.

— « J'ai pris un bon soutien, en entrant dans ta famille ! »

— « Elle vaut la tienne ! » dit simplement le Tétrarque.

Hérodias sentit bouillonner dans ses veines le sang des prêtres et des rois ses aïeux.

— « Mais ton grand-père balayait le temple d'Ascalon[1] ! Les autres étaient bergers, bandits, conducteurs

---

1. Située en pays philistin, Ascalon est la ville natale d'Hérode le Grand.

de caravanes, une horde, tributaire de Juda depuis le roi David ! Tous mes ancêtres ont battu les tiens ! Le premier des Makkabi[1] vous a chassés d'Hébron, Hyrcan forcés à vous circoncire ! » Et, exhalant le mépris de la patricienne[2] pour le plébéien, la haine de Jacob contre Edom[3], elle lui reprocha son indifférence aux outrages, sa mollesse envers les Pharisiens[4] qui le trahissaient, sa lâcheté pour le peuple qui la détestait. « Tu es comme lui, avoue-le ! et tu regrettes la fille arabe qui danse autour des pierres. Reprends-la ! Va-t'en vivre avec elle, dans sa maison de toile ! dévore son pain cuit sous la cendre ! avale le lait caillé de ses brebis ! baise ses joues bleues ! et oublie-moi ! »

Le Tétrarque n'écoutait plus. Il regardait la plate-forme d'une maison, où il y avait une jeune fille, et une vieille femme tenant un parasol à manche de roseau, long comme la ligne d'un pêcheur. Au milieu du tapis, un grand panier de voyage restait ouvert. Des ceintures, des voiles, des pendeloques d'orfèvrerie en débordaient confusément. La jeune fille, par intervalles, se penchait vers ces choses, et les secouait à l'air. Elle était vêtue comme les Romaines, d'une tunique calamistrée[5] avec un péplum à glands

---

1. Les Makkabi, ou Maccabées, est le surnom de Judas, fils de Mattathias, et de ses quatre frères (Jean, Simon, Eléazar, Jonathan). Leurs descendants sont les Asmonéens.

2. Personne qui appartenait, de naissance, à la classe supérieure des citoyens romains. Le terme s'oppose à « plébéien » : homme du peuple.

3. Surnom d'Esaü.

4. Membres d'un des partis du judaïsme ancien, important à partir de Jean Hyrcan. Les Évangiles les accusent d'un ritualisme stérile.

5. Ondulée.

d'émeraude ; et des lanières bleues enfermaient sa chevelure, trop lourde, sans doute, car, de temps à autre, elle y portait la main. L'ombre du parasol se promenait au-dessus d'elle, en la cachant à demi. Antipas aperçut deux ou trois fois son col délicat, l'angle d'un œil, le coin d'une petite bouche. Mais il voyait, des hanches à la nuque, toute sa taille qui s'inclinait pour se redresser d'une manière élastique. Il épiait le retour de ce mouvement, et sa respiration devenait plus forte ; des flammes s'allumaient dans ses yeux. Hérodias l'observait.

Il demanda : — « Qui est-ce ? »

Elle répondit n'en rien savoir, et s'en alla soudainement apaisée.

Le Tétrarque était attendu sous les portiques par des Galiléens, le maître des écritures, le chef des pâturages, l'administrateur des salines et un Juif de Babylone, commandant ses cavaliers. Tous le saluèrent d'une acclamation. Puis, il disparut vers les chambres intérieures.

Phanuel surgit à l'angle d'un couloir.

— « Ah ! encore ? Tu viens pour Iaokanann, sans doute ? »

— « Et pour toi ! j'ai à t'apprendre une chose considérable. »

Et, sans quitter Antipas, il pénétra, derrière lui, dans un appartement obscur.

Le jour tombait par un grillage, se développant tout du long sous la corniche. Les murailles étaient peintes d'une couleur grenat, presque noir. Dans le fond s'étalait un lit d'ébène, avec des sangles en peau

de bœuf. Un bouclier d'or, au-dessus, luisait comme
un soleil.

Antipas traversa toute la salle, se coucha sur le lit.

Phanuel était debout. Il leva son bras, et dans une
attitude inspirée :

— « Le Très-Haut envoie par moments un de ses
fils. Iaokanann en est un. Si tu l'opprimes, tu seras
châtié. »

— « C'est lui qui me persécute ! » s'écria Antipas. « Il a voulu de moi une action impossible. Depuis ce temps-là il me déchire. Et je n'étais pas dur,
au commencement ! Il a même dépêché de Machærous des hommes qui bouleversent mes provinces. Malheur à sa vie ! Puisqu'il m'attaque, je me
défends ! »

— « Ses colères ont trop de violence », répliqua
Phanuel. « N'importe ! Il faut le délivrer. »

— « On ne relâche pas les bêtes furieuses ! » dit
le Tétrarque.

L'Essénien répondit :

— « Ne t'inquiète plus ! Il ira chez les Arabes, les
Gaulois, les Scythes. Son œuvre doit s'étendre
jusqu'au bout de la terre ! »

Antipas semblait perdu dans une vision.

— « Sa puissance est forte !... Malgré moi, je
l'aime ! »

— « Alors, qu'il soit libre ? »

Le Tétrarque hocha la tête. Il craignait Hérodias,
Mannaeï, et l'inconnu.

Phanuel tâcha de le persuader, en alléguant, pour
garantie de ses projets, la soumission des Esséniens
aux rois. On respectait ces hommes pauvres, in-

domptables par les supplices, vêtus de lin, et qui lisaient l'avenir dans les étoiles.

Antipas se rappela un mot de lui, tout à l'heure.

— « Quelle est cette chose, que tu m'annonçais comme importante ? »

Un nègre survint. Son corps était blanc de poussière. Il râlait et ne put que dire :

— « Vitellius ! »

— « Comment ? Il arrive ? »

— « Je l'ai vu. Avant trois heures, il est ici ! »

Les portières des corridors furent agitées comme par le vent. Une rumeur emplit le château, un vacarme de gens qui couraient, de meubles qu'on traînait, d'argenteries s'écroulant ; et, du haut des tours, des buccins[1] sonnaient, pour avertir les esclaves dispersés.

---

1. Trompettes romaines.

II

Les remparts étaient couverts de monde quand Vitellius entra dans la cour. Il s'appuyait sur le bras de son interprète, suivi d'une grande litière rouge ornée de panaches et de miroirs, ayant la toge, le laticlave[1], les brodequins d'un consul et des licteurs[2] autour de sa personne.

Ils plantèrent contre la porte leurs douze faisceaux, des baguettes reliées par une courroie avec une hache dans le milieu. Alors, tous frémirent devant la majesté du peuple romain.

La litière, que huit hommes manœuvraient, s'arrêta. Il en sortit un adolescent, le ventre gros, la face bourgeonnée, des perles le long des doigts. On lui offrit une coupe pleine de vin et d'aromates. Il la but, et en réclama une seconde.

Le Tétrarque était tombé aux genoux du Proconsul, chagrin, disait-il, de n'avoir pas connu plus tôt la faveur de sa présence. Autrement, il eût ordonné

---

1. Large bande de pourpre appliquée sur la tunique des sénateurs.
2. Gardes entourant un dignitaire romain et portant une hache entourée de baguettes.

sur les routes tout ce qu'il fallait pour les Vitellius. Ils descendaient de la déesse Vitellia. Une voie, menant du Janicule[1] à la mer, portait encore leur nom. Les questures[2], les consulats étaient innombrables dans la famille ; et quant à Lucius, maintenant son hôte, on devait le remercier comme vainqueur des Clites et père de ce jeune Aulus[3], qui semblait revenir dans son domaine, puisque l'Orient était la patrie des dieux. Ces hyperboles furent exprimées en latin. Vitellius les accepta impassiblement.

Il répondit que le grand Hérode suffisait à la gloire d'une nation. Les Athéniens lui avaient donné la surintendance des jeux Olympiques. Il avait bâti des temples en l'honneur d'Auguste, été patient, ingénieux, terrible, et fidèle toujours aux Césars.

Entre les colonnes à chapiteaux d'airain[4], on aperçut Hérodias qui s'avançait d'un air d'impératrice, au milieu de femmes et d'eunuques tenant sur des plateaux de vermeil des parfums allumés.

Le Proconsul fit trois pas à sa rencontre ; et, l'ayant saluée d'une inclinaison de tête :

— « Quel bonheur ! » s'écria-t-elle, « que désormais Agrippa, l'ennemi de Tibère, fût dans l'impossibilité de nuire ! »

Il ignorait l'événement, elle lui parut dangereuse ; et comme Antipas jurait qu'il ferait tout

---

1. Ce sont les collines de Rome s'étendant sur la rive droite du Tibre.

2. Charges de magistrat qui consistent à assister le consul en matière financière.

3. Aulus est le fils de Lucius Vitellius, futur empereur Aulus Vitellius.

4. Bronze.

pour l'Empereur, Vitellius ajouta : « Même au dé-
triment des autres ? »

Il avait tiré des otages du roi des Parthes, et l'Empereur n'y songeait plus ; car Antipas, présent à la
conférence, pour se faire valoir, en avait tout de
suite expédié la nouvelle. De là, une haine profonde,
et les retards à fournir des secours.

Le Tétrarque balbutia. Mais Aulus dit en riant :

— « Calme-toi, je te protège ! »

Le Proconsul feignit de n'avoir pas entendu. La fortune du père dépendait de la souillure du fils ; et cette
fleur des fanges de Caprée lui procurait des bénéfices
tellement considérables, qu'il l'entourait d'égards, tout
en se méfiant, parce qu'elle était vénéneuse.

Un tumulte s'éleva sous la porte. On introduisait
une file de mules blanches, montées par des personnages en costume de prêtres. C'étaient des Sadducéens[1] et des Pharisiens, que la même ambition
poussait à Machærous, les premiers voulant obtenir
la sacrificature, et les autres la conserver. Leurs visages étaient sombres, ceux des Pharisiens surtout,
ennemis de Rome et du Tétrarque. Les pans de leur
tunique les embarrassaient dans la cohue ; et leur
tiare chancelait à leur front par-dessus des bandelet-
tes de parchemin, où des écritures étaient tracées.

Presque en même temps, arrivèrent des soldats
de l'avant-garde. Ils avaient mis leurs boucliers dans
des sacs, par précaution contre la poussière ; et derrière eux était Marcellus, lieutenant du Proconsul,

---

1. Ils s'opposent aux Pharisiens dans leur façon d'appliquer la
loi religieuse.

avec des publicains, serrant sous leurs aisselles des tablettes de bois.

Antipas nomma les principaux de son entourage : Tolmaï, Kanthera, Séhon, Ammonius d'Alexandrie, qui lui achetait de l'asphalte, Naâmann, capitaine de ses vélites, laçim le Babylonien.

Vitellius avait remarqué Mannaeï.

— « Celui-là, qu'est-ce donc ? »

Le Tétrarque fit comprendre, d'un geste, que c'était le bourreau.

Puis, il présenta les Sadducéens.

Jonathas, un petit homme libre d'allures et parlant grec, supplia le maître de les honorer d'une visite à Jérusalem. Il s'y rendrait probablement.

Eléazar, le nez crochu et la barbe longue, réclama pour les Pharisiens le manteau du grand prêtre détenu dans la tour Antonia par l'autorité civile.

Ensuite, les Galiléens dénoncèrent Ponce Pilate[1]. À l'occasion d'un fou qui cherchait les vases d'or de David dans une caverne, près de Samarie, il avait tué des habitants ; et tous parlaient à la fois, Mannaeï plus violemment que les autres. Vitellius affirma que les criminels seraient punis.

Des vociférations éclatèrent en face d'un portique, où les soldats avaient suspendu leurs boucliers. Les housses étant défaites, on voyait sur les *umbo*[2] la figure de César. C'était pour les Juifs une idolâtrie. Antipas les harangua, pendant que Vitellius, dans la

---

1. Procurateur romain qui abandonna Jésus aux Juifs qui voulaient sa mort.
2. Centre du bouclier romain.

colonnade, sur un siège élevé, s'étonnait de leur fureur. Tibère avait eu raison d'en exiler quatre cents en Sardaigne. Mais chez eux ils étaient forts ; et il commanda de retirer les boucliers.

Alors, ils entourèrent le Proconsul, en implorant des réparations d'injustice, des privilèges, des aumônes. Les vêtements étaient déchirés, on s'écrasait ; et, pour faire de la place, des esclaves avec des bâtons frappaient de droite et de gauche. Les plus voisins de la porte descendirent sur le sentier, d'autres le montaient ; ils refluèrent ; deux courants se croisaient dans cette masse d'hommes qui oscillait, comprimée par l'enceinte des murs.

Vitellius demanda pourquoi tant de monde. Antipas en dit la cause : le festin de son anniversaire ; et il montra plusieurs de ses gens, qui, penchés sur les créneaux, halaient d'immenses corbeilles de viandes, de fruits, de légumes, des antilopes et des cigognes, de larges poissons couleur d'azur, des raisins, des pastèques, des grenades élevées en pyramides. Aulus n'y tint pas. Il se précipita vers les cuisines, emporté par cette goinfrerie qui devait surprendre l'univers.

En passant près d'un caveau, il aperçut des marmites pareilles à des cuirasses. Vitellius vint les regarder ; et exigea qu'on lui ouvrît les chambres souterraines de la forteresse.

Elles étaient taillées dans le roc en hautes voûtes, avec des piliers de distance en distance. La première contenait de vieilles armures ; mais la seconde regorgeait de piques, et qui allongeaient toutes leurs pointes, émergeant d'un bouquet de plumes. La troisième semblait tapissée en nattes de roseaux, tant les flèches minces étaient perpendiculairement les unes à côté des autres. Des lames de cimeterres[1] couvraient les parois de la quatrième. Au milieu de la cinquième, des rangs de casques faisaient, avec leurs crêtes, comme un bataillon de serpents rouges. On ne voyait dans la sixième que des carquois ; dans la septième, que des cnémides[2] ; dans la huitième, que des brassards ; dans les suivantes, des fourches, des grappins, des échelles, des cordages, jusqu'à des mâts pour les catapultes, jusqu'à des grelots pour le poitrail des dromadaires ! et comme la montagne allait en s'élargissant vers sa base, évidée à l'intérieur telle qu'une ruche d'abeilles, au-dessous de ces chambres il y en avait de plus nombreuses, et d'encore plus profondes.

Vitellius, Phinées son interprète, et Sisenna le chef des publicains[3], les parcouraient à la lumière des flambeaux, que portaient trois eunuques.

On distinguait dans l'ombre des choses hideuses inventées par les barbares : casse-têtes garnis de clous, javelots empoisonnant les blessures, tenailles qui ressemblaient à des mâchoires de crocodiles ; enfin le Tétrarque possédait dans Machærous des munitions de guerre pour quarante mille hommes.

Il les avait rassemblées en prévision d'une alliance de ses ennemis. Mais le Proconsul pouvait croire, ou dire, que c'était pour combattre les Romains, et il cherchait des explications.

---

1. Sabres orientaux à lame courbée.
2. Jambières de soldats.
3. Riches Romains chargés de recouvrer l'impôt.

Elles n'étaient pas à lui ; beaucoup servaient à se défendre des brigands ; d'ailleurs il en fallait contre les Arabes ; ou bien, tout cela avait appartenu à son père. Et, au lieu de marcher derrière le Proconsul, il allait devant, à pas rapides. Puis il se rangea le long du mur, qu'il masquait de sa toge, avec ses deux coudes écartés ; mais le haut d'une porte dépassait sa tête. Vitellius la remarqua, et voulut savoir ce qu'elle enfermait.

Le Babylonien pouvait seul l'ouvrir.

— « Appelle le Babylonien ! »

On l'attendit.

Son père était venu des bords de l'Euphrate s'offrir au grand Hérode, avec cinq cents cavaliers, pour défendre les frontières orientales. Après le partage du royaume, Iaçim était demeuré chez Philippe, et maintenant servait Antipas.

Il se présenta, un arc sur l'épaule, un fouet à la main. Des cordons multicolores serraient étroitement ses jambes torses. Ses gros bras sortaient d'une tunique sans manches, et un bonnet de fourrure ombrageait sa mine, dont la barbe était frisée en anneaux.

D'abord, il eut l'air de ne pas comprendre l'interprète. Mais Vitellius lança un coup d'œil à Antipas, qui répéta tout de suite son commandement. Alors Iaçim appliqua ses deux mains contre la porte. Elle glissa dans le mur.

Un souffle d'air chaud s'exhala des ténèbres. Une allée descendait en tournant ; ils la prirent et arrivèrent au seuil d'une grotte, plus étendue que les autres souterrains.

Une arcade s'ouvrait au fond sur le précipice, qui de ce côté-là défendait la citadelle. Un chèvrefeuille, se cramponnant à la voûte, laissait retomber ses fleurs en pleine lumière. À ras du sol, un filet d'eau murmurait.

Des chevaux blancs étaient là, une centaine peut-être, et qui mangeaient de l'orge sur une planche au niveau de leur bouche. Ils avaient tous la crinière peinte en bleu, les sabots dans des mitaines de sparterie[1], et les poils d'entre les oreilles bouffant sur le frontal, comme une perruque. Avec leur queue très longue, ils se battaient mollement les jarrets. Le Proconsul en resta muet d'admiration.

C'étaient de merveilleuses bêtes, souples comme des serpents, légères comme des oiseaux. Elles partaient avec la flèche du cavalier, renversaient les hommes en les mordant au ventre, se tiraient de l'embarras des rochers, sautaient par-dessus des abîmes, et pendant tout un jour continuaient dans les plaines leur galop frénétique ; un mot les arrêtait. Dès que Iaçim entra, elles vinrent à lui, comme des moutons quand paraît le berger, et, avançant leur encolure, elles le regardaient inquiètes avec leurs yeux d'enfant. Par habitude, il lança du fond de sa gorge un cri rauque qui les mit en gaieté ; et elles se cabraient, affamées d'espace, demandant à courir.

Antipas, de peur que Vitellius ne les enlevât, les avait emprisonnées dans cet endroit, spécial pour les animaux, en cas de siège.

---

1. Objet fabriqué en fibres végétales.

— « L'écurie est mauvaise », dit le Proconsul, « et tu risques de les perdre ! Fais l'inventaire, Sisenna ! »

Le publicain retira une tablette de sa ceinture, compta les chevaux et les inscrivit.

Les agents des compagnies fiscales corrompaient les gouverneurs, pour piller les provinces. Celui-là flairait partout, avec sa mâchoire de fouine et ses paupières clignotantes.

Enfin, on remonta dans la cour.

Des rondelles de bronze au milieu des pavés, çà et là, couvraient les citernes. Il en observa une, plus grande que les autres, et qui n'avait pas sous les talons leur sonorité. Il les frappa toutes alternativement, puis hurla, en piétinant :

— « Je l'ai ! je l'ai ! C'est ici le trésor d'Hérode ! »

La recherche de ses trésors était une folie des Romains.

Ils n'existaient pas, jura le Tétrarque.

Cependant, qu'y avait-il là-dessous ?

— « Rien ! un homme, un prisonnier. »

— « Montre-le ! » dit Vitellius.

Le Tétrarque n'obéit pas ; les Juifs auraient connu son secret. Sa répugnance à ouvrir la rondelle impatientait Vitellius.

— « Enfoncez-la ! » cria-t-il aux licteurs.

Mannaeï avait deviné ce qui les occupait. Il crut, en voyant une hache, qu'on allait décapiter Iaokanann ; et il arrêta le licteur au premier coup sur la plaque, insinua entre elle et les pavés une manière de crochet, puis, roidissant ses longs bras maigres, la souleva doucement, elle s'abattit ; tous admirèrent la force de ce vieillard. Sous le couvercle doublé de bois, s'étendait une trappe de même dimension. D'un coup de poing, elle se replia en deux panneaux ; on vit alors un trou, une fosse énorme que contournait un escalier sans rampe ; et ceux qui se penchèrent sur le bord aperçurent au fond quelque chose de vague et d'effrayant.

Un être humain était couché par terre sous de longs cheveux se confondant avec les poils de bête qui garnissaient son dos. Il se leva. Son front touchait à une grille horizontalement scellée ; et, de temps à autre, il disparaissait dans les profondeurs de son antre.

Le soleil faisait briller la pointe des tiares, le pommeau des glaives, chauffait à outrance les dalles ; et des colombes, s'envolant des frises, tournoyaient au-dessus de la cour. C'était l'heure où Mannaeï, ordinairement, leur jetait du grain. Il se tenait accroupi devant le Tétrarque, qui était debout près de Vitellius. Les Galiléens, les prêtres, les soldats, formaient un cercle par-derrière ; tous se taisaient, dans l'angoisse de ce qui allait arriver.

Ce fut d'abord un grand soupir, poussé d'une voix caverneuse.

Hérodias l'entendit à l'autre bout du palais. Vaincue par une fascination, elle traversa la foule ; et elle écoutait, une main sur l'épaule de Mannaeï, le corps incliné.

La voix s'éleva :

— « Malheur à vous, Pharisiens et Sadducéens, race de vipères, outres gonflées, cymbales retentissantes ! »

On avait reconnu Iaokanann. Son nom circulait. D'autres accoururent.

— « Malheur à toi, ô peuple ! et aux traîtres de Juda, aux ivrognes d'Ephraïm[1], à ceux qui habitent la vallée grasse, et que les vapeurs du vin font chanceler !

« Qu'ils se dissipent comme l'eau qui s'écoule, comme la limace qui se fond en marchant, comme l'avorton d'une femme qui ne voit pas le soleil.

« Il faudra, Moab[2], te réfugier dans les cyprès comme les passereaux, dans les cavernes comme les gerboises. Les portes des forteresses seront plus vite brisées que des écailles de noix, les murs crouleront, les villes brûleront ; et le fléau de l'Éternel ne s'arrêtera pas. Il retournera vos membres dans votre sang, comme de la laine dans la cuve d'un teinturier. Il vous déchirera comme une herse neuve ; il répandra sur les montagnes tous les morceaux de votre chair ! »

De quel conquérant parlait-il ? Était-ce de Vitellius ? Les Romains seuls pouvaient produire cette extermination. Des plaintes s'échappaient : — « Assez ! assez ! qu'il finisse ! »

Il continua, plus haut :

— « Auprès du cadavre de leurs mères, les petits enfants se traîneront sur les cendres. On ira, la nuit, chercher son pain à travers les décombres, au ha-

---

1. Fils de Joseph, ancêtre de la tribu Ephraïmite. Ce nom est devenu synonyme d'Israël.
2. Région située près de la mer Morte. Le terme désigne ici le peuple des Moabites.

sard des épées. Les chacals s'arracheront des ossements sur les places publiques, où le soir les vieillards causaient. Tes vierges, en avalant leurs pleurs, joueront de la cithare dans les festins de l'étranger, et tes fils les plus braves baisseront leur échine, écorchée par des fardeaux trop lourds ! »

Le peuple revoyait les jours de son exil, toutes les catastrophes de son histoire. C'étaient les paroles des anciens prophètes. Iaokanann les envoyait, comme de grands coups, l'une après l'autre.

Mais la voix se fit douce, harmonieuse, chantante. Il annonçait un affranchissement, des splendeurs au ciel, le nouveau-né un bras dans la caverne du dragon, l'or à la place de l'argile, le désert s'épanouissant comme une rose : — « Ce qui maintenant vaut soixante kiccars[1] ne coûtera pas une obole. Des fontaines de lait jailliront des rochers ; on s'endormira dans les pressoirs le ventre plein ! Quand viendras-tu, toi que j'espère ? D'avance, tous les peuples s'agenouillent, et ta domination sera éternelle, Fils de David[2] ! »

Le Tétrarque se rejeta en arrière, l'existence d'un Fils de David l'outrageant comme une menace.

Iaokanann l'invectiva pour sa royauté. — « Il n'y a pas d'autre roi que l'Éternel ! et pour ses jardins, pour ses statues, pour ses meubles d'ivoire, comme l'impie Achab[3] ! »

---

1. Monnaie d'or juive.
2. Le Messie attendu par les Juifs est appelé fils de David.
3. Achab est le roi d'Israël qui introduisit à Samarie le culte du Baal Melkart. Pour cette raison, il fut critiqué par le prophète Élie.

Antipas brisa la cordelette du cachet suspendu à sa poitrine, et le lança dans la fosse, en lui commandant de se taire.

La voix répondit :

— « Je crierai comme un ours, comme un âne sauvage, comme une femme qui enfante !

« Le châtiment est déjà dans ton inceste. Dieu t'afflige de la stérilité du mulet ! »

Et des rires s'élevèrent, pareils au clapotement des flots.

Vitellius s'obstinait à rester. L'interprète, d'un ton impassible, redisait, dans la langue des Romains, toutes les injures que Iaokanann rugissait dans la sienne. Le Tétrarque et Hérodias étaient forcés de les subir deux fois. Il haletait, pendant qu'elle observait béante le fond du puits.

L'homme effroyable se renversa la tête ; et, empoignant les barreaux, y colla son visage, qui avait l'air d'une broussaille, où étincelaient deux charbons :

— « Ah ! c'est toi, Iézabel[1] !

« Tu as pris son cœur avec le craquement de ta chaussure. Tu hennissais comme une cavale[2]. Tu as dressé ta couche sur les monts, pour accomplir tes sacrifices !

« Le Seigneur arrachera tes pendants d'oreilles, tes robes de pourpre, tes voiles de lin, les anneaux de tes bras, les bagues de tes pieds, et les petits croissants d'or qui tremblent sur ton front, tes miroirs

---

1. Iézabel (ou Jézabel) était épouse d'Achab, idolâtre, elle subit aussi les critiques d'Élie.
2. Jument de race.

d'argent, tes éventails en plumes d'autruche, les patins de nacre qui haussent ta taille, l'orgueil de tes diamants, les senteurs de tes cheveux, la peinture de tes ongles, tous les artifices de ta mollesse ; et les cailloux manqueront pour lapider l'adultère ! »

Elle chercha du regard une défense autour d'elle. Les Pharisiens baissaient hypocritement leurs yeux. Les Sadducéens tournaient la tête, craignant d'offenser le Proconsul. Antipas paraissait mourir.

La voix grossissait, se développait, roulait avec des déchirements de tonnerre, et, l'écho dans la montagne la répétant, elle foudroyait Machærous d'éclats multipliés.

— « Étale-toi dans la poussière, fille de Babylone ! Fais moudre la farine ! Ôte ta ceinture, détache ton soulier, trousse-toi, passe les fleuves ! ta honte sera découverte, ton opprobre sera vu ! tes sanglots te briseront les dents ! L'Éternel exècre la puanteur de tes crimes ! Maudite ! maudite ! Crève comme une chienne ! »

La trappe se ferma, le couvercle se rabattit. Mannaeï voulait étrangler Iaokanann.

Hérodias disparut. Les Pharisiens étaient scandalisés. Antipas, au milieu d'eux, se justifiait.

— « Sans doute », reprit Eléazar, « il faut épouser la femme de son frère, mais Hérodias n'était pas veuve, et de plus elle avait un enfant, ce qui constituait l'abomination. »

— « Erreur ! erreur ! » objecta le Sadducéen Jonathas. « La loi condamne ces mariages, sans les proscrire absolument. »

— « N'importe ! On est pour moi bien injuste ! »
disait Antipas, « car, enfin, Absalon a couché avec les
femmes de son père, Juda avec sa bru, Ammon avec
sa sœur, Loth[1] avec ses filles. »

Aulus, qui venait de dormir, reparut à ce moment-
là. Quand il fut instruit de l'affaire, il approuva le Tétrarque. On ne devait point se gêner pour de pareilles sottises ; et il riait beaucoup du blâme des
prêtres, et de la fureur de Iaokanann.

Hérodias, au milieu du perron, se retourna vers
lui.

— « Tu as tort, mon maître ! Il ordonne au peuple de refuser l'impôt. »

— « Est-ce vrai ? » demanda tout de suite le Publicain.

Les réponses furent généralement affirmatives. Le
Tétrarque les renforçait.

Vitellius songea que le prisonnier pouvait s'enfuir ;
et comme la conduite d'Antipas lui semblait dou-
teuse, il établit des sentinelles aux portes, le long des
murs et dans la cour.

Ensuite, il alla vers son appartement. Les députa-
tions des prêtres l'accompagnèrent.

Sans aborder la question de la sacrificature, chacune émettait ses griefs.

Tous l'obsédaient. Il les congédia.

Jonathas le quittait, quand il aperçut, dans un cré-
neau, Antipas causant avec un homme à longs che-

---

1. Absalon, Juda, Ammon, Loth : allusions à des épisodes bi-
bliques évoquant des relations incestueuses.

veux et en robe blanche, un Essénien ; et il regretta de l'avoir soutenu.

Une réflexion avait consolé le Tétrarque. Iaokanann ne dépendait plus de lui ; les Romains s'en chargeaient. Quel soulagement ! Phanuel se promenait alors sur le chemin de ronde.

Il l'appela et, désignant les soldats :

— « Ils sont les plus forts ! je ne peux le délivrer ! ce n'est pas ma faute ! »

La cour était vide. Les esclaves se reposaient. Sur la rougeur du ciel, qui enflammait l'horizon, les moindres objets perpendiculaires se détachaient en noir. Antipas distingua les salines à l'autre bout de la mer Morte, et ne voyait plus les tentes des Arabes. Sans doute ils étaient partis ? La lune se levait ; un apaisement descendait dans son cœur.

Phanuel, accablé, restait le menton sur la poitrine. Enfin, il révéla ce qu'il avait à dire.

Depuis le commencement du mois, il étudiait le ciel avant l'aube, la constellation de Persée se trouvant au zénith. Agalah se montrait à peine, Algol brillait moins, Mira-Cœti[1] avait disparu ; d'où il augurait la mort d'un homme considérable, cette nuit même, dans Machærous.

Lequel ? Vitellius était trop bien entouré. On n'exécuterait pas Iaokanann. « C'est donc moi ! » pensa le Tétrarque.

---

1. Agalah, Algol, Mira-Cœti : noms de constellations. Flaubert avait opéré des recherches sur l'astronomie hébraïque auprès d'un ami bibliothécaire, Frédéric Baudry. Ici, il mélange les noms hébreux et arabes.

Peut-être que les Arabes allaient revenir ? Le Proconsul découvrirait ses relations avec les Parthes ! Des sicaires[1] de Jérusalem escortaient les prêtres ; ils avaient sous leurs vêtements des poignards ; et le Tétrarque ne doutait pas de la science de Phanuel.

Il eut l'idée de recourir à Hérodias. Il la haïssait pourtant. Mais elle lui donnerait du courage ; et tous les liens n'étaient pas rompus de l'ensorcellement qu'il avait autrefois subi.

Quand il entra dans sa chambre, du cinnamome[2] fumait sur une vasque de porphyre[3] ; et des poudres, des onguents, des étoffes pareilles à des nuages, des broderies plus légères que des plumes, étaient dispersés.

Il ne dit pas la prédiction de Phanuel, ni sa peur des Juifs et des Arabes ; elle l'eût accusé d'être lâche. Il parla seulement des Romains ; Vitellius ne lui avait rien confié de ses projets militaires. Il le supposait ami de Caïus, que fréquentait Agrippa ; et il serait envoyé en exil, ou peut-être on l'égorgerait.

Hérodias, avec une indulgence dédaigneuse, tâcha de le rassurer. Enfin, elle tira d'un petit coffre une médaille bizarre, ornée du profil de Tibère. Cela suffisait à faire pâlir les licteurs et fondre les accusations.

Antipas, ému de reconnaissance, lui demanda comment elle l'avait.

— « On me l'a donnée », reprit-elle.

_____

1. Tueurs à gages.
2. Aromate.
3. Roche volcanique rouge foncé.

Sous une portière en face, un bras nu s'avança, un bras jeune, charmant et comme tourné dans l'ivoire par Polyclète[1]. D'une façon un peu gauche, et cependant gracieuse, il ramait dans l'air, pour saisir une tunique oubliée sur une escabelle[2] près de la muraille.

Une vieille femme la passa doucement, en écartant le rideau.

Le Tétrarque eut un souvenir, qu'il ne pouvait préciser.

— « Cette esclave est-elle à toi ? »
— « Que t'importe ? » répondit Hérodias.

---

1. Sculpteur grec qui instaura un code de proportions.
2. Un escabeau.

Les convives emplissaient la salle du festin.

Elle avait trois nefs, comme une basilique, et que séparaient des colonnes en bois d'algumim, avec des chapiteaux de bronze couverts de sculptures. Deux galeries à claire-voie s'appuyaient dessus ; et une troisième en filigrane d'or se bombait au fond, vis-à-vis d'un cintre énorme, qui s'ouvrait à l'autre bout.

Des candélabres, brûlant sur les tables alignées dans toute la longueur du vaisseau, faisaient des buissons de feux, entre les coupes de terre peinte et les plats de cuivre, les cubes de neige, les monceaux de raisin ; mais ces clartés rouges se perdaient progressivement, à cause de la hauteur du plafond, et des points lumineux brillaient, comme des étoiles, la nuit, à travers des branches. Par l'ouverture de la grande baie, on apercevait des flambeaux sur les terrasses des maisons ; car Antipas fêtait ses amis, son peuple, et tous ceux qui s'étaient présentés.

Des esclaves, alertes comme des chiens et les orteils dans des sandales de feutre, circulaient, en portant des plateaux.

La table proconsulaire occupait, sous la tribune

dorée, une estrade en planches de sycomore. Des tapis de Babylone l'enfermaient dans une espèce de pavillon.

Trois lits d'ivoire, un en face et deux sur les flancs, contenaient Vitellius, son fils et Antipas ; le Proconsul étant près de la porte, à gauche, Aulus à droite, le Tétrarque au milieu.

Il avait un lourd manteau noir, dont la trame disparaissait sous des applications de couleur, du fard aux pommettes, la barbe en éventail, et de la poudre d'azur dans ses cheveux, serrés par un diadème de pierreries. Vitellius gardait son baudrier de pourpre, qui descendait en diagonale sur une toge de lin. Aulus s'était fait nouer dans le dos les manches de sa robe en soie violette, lamée d'argent. Les boudins de sa chevelure formaient des étages, et un collier de saphirs étincelait à sa poitrine, grasse et blanche comme celle d'une femme. Près de lui, sur une natte et jambes croisées, se tenait un enfant très beau, qui souriait toujours. Il l'avait vu dans les cuisines, ne pouvait plus s'en passer, et, ayant peine à retenir son nom chaldéen[1], l'appelait simplement : « l'Asiatique ». De temps à autre, il s'étalait sur le triclinium[2]. Alors, ses pieds nus dominaient l'assemblée.

De ce côté-là, il y avait les prêtres et les officiers d'Antipas, des habitants de Jérusalem, les principaux des villes grecques ; et, sous le Proconsul : Marcellus avec les Publicains, des amis du Tétrarque, les personnages de Kana, Ptolémaïde, Jéricho ; puis, pêle-mêle,

---

1. De Chaldée ou Babylonie, ancien pays de Mésopotamie.
2. Salle à manger à lits en pente.

des montagnards du Liban, et les vieux soldats d'Hérode : douze Thraces, un Gaulois, deux Germains, des
chasseurs de gazelles, des pâtres de l'Idumée, le sultan
de Palmyre, des marins d'Eziongaber. Chacun avait
devant soi une galette de pâte molle, pour s'essuyer
les doigts ; et les bras, s'allongeant comme des cous
de vautour, prenaient des olives, des pistaches, des
amandes. Toutes les figures étaient joyeuses, sous des
couronnes de fleurs.

Les Pharisiens les avaient repoussées comme indé-
cence romaine. Ils frissonnèrent quand on les asper-
gea de galbanum[1] et d'encens, composition réservée
aux usages du Temple.

Aulus en frotta son aisselle ; et Antipas lui en pro-
mit tout un chargement, avec trois couffes[2] de ce véritable baume, qui avait fait convoiter la Palestine à
Cléopâtre.

Un capitaine de sa garnison de Tibériade[3], survenu
tout à l'heure, s'était placé derrière lui, pour l'entre-
tenir d'événements extraordinaires. Mais son atten-
tion était partagée entre le Proconsul et ce qu'on
disait aux tables voisines.

On y causait de Iaokanann et des gens de son espèce ; Simon de Gittoï lavait les péchés avec du feu.
Un certain Jésus[4]...

---

1. Gomme aromatique.
2. Paniers.
3. Ville située sur la rive occidentale du lac du même nom.
4. La mise sur le même plan de Simon de Gittoï et de Jésus
ainsi que la désignation incertaine de Jésus montrent le regard
suspicieux que portent les contemporains sur le christianisme
émergent.

— « Le pire de tous », s'écria Eléazar. « Quel infâme bateleur ! »

Derrière le Tétrarque, un homme se leva, pâle comme la bordure de sa chlamyde[1]. Il descendit l'estrade, et, interpellant les Pharisiens :

— « Mensonge ! Jésus fait des miracles ! »

Antipas désirait en voir.

— « Tu aurais dû l'amener ! Renseigne-nous ! »

Alors il conta que lui, Jacob, ayant une fille malade, s'était rendu à Capharnaüm, pour supplier le Maître de vouloir la guérir. Le Maître avait répondu : « Retourne chez toi, elle est guérie ! » Et il l'avait trouvée sur le seuil, étant sortie de sa couche quand le gnomon[2] du palais marquait la troisième heure, l'instant même où il abordait Jésus.

Certainement, objectèrent les Pharisiens, il existait des pratiques, des herbes puissantes ! Ici même, à Machærous, quelquefois on trouvait le baaras[3] qui rend invulnérable ; mais guérir sans voir ni toucher était une chose impossible, à moins que Jésus n'employât les démons.

Et les amis d'Antipas, les principaux de la Galilée, reprirent, en hochant la tête :

— « Les démons, évidemment. »

Jacob, debout entre leur table et celle des prêtres, se taisait d'une manière hautaine et douce.

---

1. Manteau court agrafé sur l'épaule.
2. Instrument astronomique possédant une tige verticale faisant une ombre sur une surface plane.
3. Le baaras est une plante légendaire, invisible le jour et lumineuse la nuit.

Ils le sommaient de parler : — « Justifie son pouvoir ! »

Il courba les épaules, et à voix basse, lentement, comme effrayé de lui-même :

— « Vous ne savez donc pas que c'est le Messie ? »

Tous les prêtres se regardèrent ; et Vitellius demanda l'explication du mot. Son interprète fut une minute avant de répondre.

Ils appelaient ainsi un libérateur qui leur apporterait la jouissance de tous les biens et la domination de tous les peuples. Quelques-uns même soutenaient qu'il fallait compter sur deux. Le premier serait vaincu par Gog et Magog[1], des démons du Nord ; mais l'autre exterminerait le Prince du Mal ; et, depuis des siècles, ils l'attendaient à chaque minute.

Les prêtres s'étant concertés, Eléazar prit la parole.

D'abord le Messie serait enfant de David, et non d'un charpentier ; il confirmerait la Loi. Ce Nazaréen[2] l'attaquait ; et, argument plus fort, il devait être précédé par la venue d'Élie.

Jacob répliqua :

— « Mais il est venu, Élie ! »

— « Élie ! Élie ! » répéta la foule, jusqu'à l'autre bout de la salle.

Tous, par l'imagination, apercevaient un vieillard sous un vol de corbeaux, la foudre allumant un autel, des pontifes idolâtres jetés aux torrents ; et les femmes, dans les tribunes, songeaient à la veuve de Sarepta[3].

---

1. Précurseurs de l'Antéchrist.
2. Il s'agit de Jésus, né à Nazareth.
3. La veuve de Sarepta fut miraculeusement aidée par Élie.

Jacob s'épuisait à redire qu'il le connaissait ! Il l'avait vu ! et le peuple aussi !

— « Son nom ? »

Alors, il cria de toutes ses forces :

— « Iaokanann ! »

Antipas se renversa comme frappé en pleine poitrine. Les Sadducéens avaient bondi sur Jacob. Eléazar pérorait, pour se faire écouter.

Quand le silence fut établi, il drapa son manteau, et comme un juge posa des questions.

— « Puisque le prophète est mort... »

Des murmures l'interrompirent. On croyait Élie disparu seulement.

Il s'emporta contre la foule, et, continuant son enquête :

— « Tu penses qu'il est ressuscité ? »

— « Pourquoi pas ? » dit Jacob.

Les Sadducéens haussèrent les épaules ; Jonathas, écarquillant ses petits yeux, s'efforçait de rire comme un bouffon. Rien de plus sot que la prétention du corps à la vie éternelle ; et il déclama, pour le Proconsul, ce vers d'un poète contemporain :

Nec crescit, nec post mortem durare videtur[1].

Mais Aulus était penché au bord du triclinium, le front en sueur, le visage vert, les poings sur l'estomac. Les Sadducéens feignirent un grand émoi ; — le lendemain, la sacrificature leur fut rendue ; — Antipas étalait du désespoir ; Vitellius demeurait impassible.

---

1. « [Le corps sans l'âme] ne grandit pas et après la mort apparemment ne survit pas », Lucrèce, III, 339.

Ses angoisses étaient pourtant violentes ; avec son fils il perdait sa fortune.

Aulus n'avait pas fini de se faire vomir, qu'il voulut remanger.

— « Qu'on me donne de la râpure de marbre, du schiste de Naxos, de l'eau de mer, n'importe quoi ! Si je prenais un bain ? »

Il croqua de la neige, puis, ayant balancé entre une terrine de Commagène[1] et des merles roses, se décida pour des courges au miel. L'Asiatique le contemplait, cette faculté d'engloutissement dénotant un être prodigieux et d'une race supérieure.

On servit des rognons de taureau, des loirs, des rossignols, des hachis dans des feuilles de pampre ; et les prêtres discutaient sur la résurrection. Ammonius, élève de Philon[2] le Platonicien, les jugeait stupides, et le disait à des Grecs qui se moquaient des oracles. Marcellus et Jacob s'étaient joints. Le premier narrait au second le bonheur qu'il avait ressenti sous le baptême de Mithra[3], et Jacob l'engageait à suivre Jésus. Les vins de palme et de tamaris, ceux de Safet et de Byblos, coulaient des amphores dans les cratères, des cratères dans les coupes, des coupes dans les gosiers ; on bavardait, les cœurs s'épanchaient. Iaçim, bien que Juif, ne cachait plus son

---

1. Province située près de l'Euphrate.
2. Philosophe grec d'origine juive qui tente de concilier sa foi monothéiste et l'héritage philosophique de Platon.
3. Dieu solaire dont le culte se répandit dans le monde romain. On lui sacrifiait un taureau. L'emploi du terme « baptême » pour désigner l'initiation aux mystères de Mithra montre à la fois l'aspiration au christianisme et la confusion des cultes.

adoration des planètes. Un marchand d'Aphaka éba-
hissait des nomades, en détaillant les merveilles du
temple d'Hiérapolis[1] ; et ils demandaient combien
coûterait le pèlerinage. D'autres tenaient à leur religion natale. Un Germain presque aveugle chantait un
hymne célébrant ce promontoire de la Scandinavie,
où les dieux apparaissent avec les rayons de leurs figures ; et des gens de Sichem[2] ne mangèrent pas de
tourterelles, par déférence pour la colombe Azima.

Plusieurs causaient debout, au milieu de la salle ;
et la vapeur des haleines avec les fumées des candélabres faisaient un brouillard dans l'air. Phanuel passa
le long des murs. Il venait encore d'étudier le firmament, mais n'avançait pas jusqu'au Tétrarque, redou-
tant les taches d'huile qui, pour les Esséniens, étaient
une grande souillure.

Des coups retentirent contre la porte du château.

On savait maintenant que Iaokanann s'y trouvait
détenu. Des hommes avec des torches grimpaient le
sentier ; une masse noire fourmillait dans le ravin ;
et ils hurlaient de temps à autre :

— « Iaokanann ! Iaokanann ! »

— « Il dérange tout ! » dit Jonathas.

— « On n'aura plus d'argent, s'il continue ! » ajou-
tèrent les Pharisiens.

Et des récriminations partaient :

— « Protège-nous ! »

— « Qu'on en finisse ! »

---

1. Ville proche de Laodicée, très prospère.
2. Ville de Canaan où se trouvait un sanctuaire.

— « Tu abandonnes la religion ! »

— « Impie comme les Hérode ! »

— « Moins que vous ! » répliqua Antipas. « C'est mon père qui a édifié votre temple ! »

Alors, les Pharisiens, les fils des proscrits, les partisans des Mattathias[1], accusèrent le Tétrarque des crimes de sa famille.

Ils avaient des crânes pointus, la barbe hérissée, des mains faibles et méchantes, ou la face camuse[2], de gros yeux ronds, l'air de bouledogues. Une douzaine, scribes et valets des prêtres, nourris par le rebut des holocaustes, s'élancèrent jusqu'au bas de l'estrade ; et avec des couteaux ils menaçaient Antipas, qui les haranguait, pendant que les Sadducéens le défendaient mollement. Il aperçut Mannaeï, et lui fit signe de s'en aller, Vitellius indiquant par sa contenance que ces choses ne le regardaient pas.

Les Pharisiens, restés sur leur triclinium, se mirent dans une fureur démoniaque. Ils brisèrent les plats devant eux. On leur avait servi le ragoût chéri de Mécène[3], de l'âne sauvage, une viande immonde.

Aulus les railla à propos de la tête d'âne, qu'ils honoraient, disait-on, et débita d'autres sarcasmes sur leur antipathie du pourceau. C'était sans doute parce que cette grosse bête avait tué leur Bacchus ; et ils

_____

1. Mattathias, dit Antigone, issu de la dynastie asmonéenne, dont Jean Hyrcan, fils de Simon Maccabée, est le fondateur. Mattathias refusait la domination des Romains mais il fut vaincu et mis à mort par Hérode Ier.

2. Qui a le nez court et plat.

3. Chevalier romain de grande naissance, protecteur des arts et des lettres.

aimaient trop le vin, puisqu'on avait découvert dans le Temple une vigne d'or.

Les prêtres ne comprenaient pas ses paroles. Phinées, Galiléen d'origine, refusa de les traduire. Alors sa colère fut démesurée, d'autant plus que l'Asiatique, pris de peur, avait disparu ; et le repas lui déplaisait, les mets étaient vulgaires, point déguisés suffisamment ! Il se calma, en voyant des queues de brebis syriennes, qui sont des paquets de graisse.

Le caractère des Juifs semblait hideux à Vitellius. Leur dieu pouvait bien être Moloch[1], dont il avait rencontré des autels sur la route ; et les sacrifices d'enfants lui revinrent à l'esprit, avec l'histoire de l'homme qu'ils engraissaient mystérieusement. Son cœur de Latin était soulevé de dégoût par leur intolérance, leur rage iconoclaste, leur achoppement[2] de brute. Le Proconsul voulait partir. Aulus s'y refusa.

La robe abaissée jusqu'aux hanches, il gisait derrière un monceau de victuailles, trop repu pour en prendre, mais s'obstinant à ne point les quitter.

L'exaltation du peuple grandit. Ils s'abandonnèrent à des projets d'indépendance. On rappelait la gloire d'Israël. Tous les conquérants avaient été châtiés : Antigone, Crassus, Varus[3]...

---

1. Divinité mentionnée dans la Bible, d'origine cananéenne, et adoptée par Israël. Pour l'honorer, on brûlait des enfants.

2. Ici, le terme prend le sens d'obstination, d'entêtement.

3. Antigone, Crassus, Varus : pour Antigone, voir la note sur Mattathias. Crassus, gouverneur de Syrie, fut assassiné. Varus était un général romain qui se fit détester par la population de Germanie et fut massacré.

— « Misérables ! » dit le Proconsul ; car il entendait le syriaque ; son interprète ne servait qu'à lui
donner du loisir pour répondre.

Antipas, bien vite, tira la médaille de l'Empereur,
et, l'observant avec tremblement, il la présentait du
côté de l'image.

Les panneaux de la tribune d'or se déployèrent
tout à coup ; et à la splendeur des cierges, entre ses
esclaves et des festons d'anémone, Hérodias apparut, — coiffée d'une mitre[1] assyrienne qu'une men-
tonnière attachait à son front ; ses cheveux en
spirales s'épandaient sur un péplos[2] d'écarlate, fendu
dans la longueur des manches. Deux monstres en
pierre, pareils à ceux du trésor des Atrides[3], se
dressant contre la porte, elle ressemblait à Cybèle[4]
accotée de ses lions ; et du haut de la balustrade qui
dominait Antipas, avec une patère[5] à la main, elle
cria :

— « Longue vie à César ! »

Cet hommage fut répété par Vitellius, Antipas et
les prêtres.

Mais il arriva du fond de la salle un bourdonnement de surprise et d'admiration. Une jeune fille venait d'entrer.

Sous un voile bleuâtre lui cachant la poitrine et la
tête, on distinguait les arcs de ses yeux, les calcédoi-

---

1. Haute coiffure triangulaire.
2. Vêtement de femme qui s'agrafait sur l'épaule.
3. La découverte de ce trésor datait de 1876.
4. Divinité personnifiant les forces reproductrices de la nature.
5. Vase sacré.

nes[1] de ses oreilles, la blancheur de sa peau. Un carré de soie gorge-de-pigeon[2], en couvrant les épaules, tenait aux reins par une ceinture d'orfèvrerie. Ses caleçons noirs étaient semés de mandragores, et d'une manière indolente elle faisait claquer de petites pantoufles en duvet de colibri.

Sur le haut de l'estrade, elle retira son voile. C'était[3] Hérodias, comme autrefois dans sa jeunesse. Puis, elle se mit à danser.

Ses pieds passaient l'un devant l'autre, au rythme de la flûte et d'une paire de crotales[4]. Ses bras arrondis appelaient quelqu'un, qui s'enfuyait toujours. Elle le poursuivait, plus légère qu'un papillon, comme une Psyché[5] curieuse, comme une âme vagabonde, et semblait prête à s'envoler.

Les sons funèbres de la gingras[6] remplacèrent les crotales. L'accablement avait suivi l'espoir. Ses attitudes exprimaient des soupirs, et toute sa personne une telle langueur qu'on ne savait pas si elle pleurait un dieu, ou se mourait dans sa caresse. Les paupières entre-closes, elle se tordait la taille, balançait son ventre avec des ondulations de houle, faisait trembler ses deux seins, et son visage demeurait immobile, et ses pieds n'arrêtaient pas.

---

1. Pierres précieuses claires.
2. D'une couleur à reflets changeants.
3. Il s'agit d'une impression : le public *croit* voir Hérodias.
4. Castagnettes utilisées dans le culte de Cybèle.
5. Symbole de l'âme à la recherche de son idéal. Psyché, aimée par Amour, cède à la curiosité et cherche à voir le visage de celui qui l'aime sans vouloir se montrer.
6. Flûte.

Vitellius la compara à Mnester[1], le pantomime. Aulus vomissait encore. Le Tétrarque se perdait dans un rêve, et ne songeait plus à Hérodias. Il crut la voir près des Sadducéens. La vision s'éloigna.

Ce n'était pas une vision. Elle avait fait instruire, loin de Machærous, Salomé sa fille, que le Tétrarque aimerait ; et l'idée était bonne. Elle en était sûre, maintenant !

Puis, ce fut l'emportement de l'amour qui veut être assouvi. Elle dansa comme les prêtresses des Indes, comme les Nubiennes des cataractes, comme les bacchantes[2] de Lydie. Elle se renversait de tous les côtés, pareille à une fleur que la tempête agite. Les brillants de ses oreilles sautaient, l'étoffe de son dos chatoyait ; de ses bras, de ses pieds, de ses vêtements jaillissaient d'invisibles étincelles qui enflammaient les hommes. Une harpe chanta ; la multitude y répondit par des acclamations. Sans fléchir ses genoux en écartant les jambes, elle se courba si bien que son menton frôlait le plancher ; et les nomades habitués à l'abstinence, les soldats de Rome experts en débauches, les avares publicains, les vieux prêtres aigris par les disputes, tous, dilatant leurs narines, palpitaient de convoitise.

Ensuite elle tourna autour de la table d'Antipas, frénétiquement, comme le rhombe[3] des sorcières ; et d'une voix que des sanglots de volupté entrecou-

---

1. Favori de Caligula.
2. Les Bacchantes sont les prêtresses de Bacchus, qui dansaient pour honorer leur dieu.
3. Toupie utilisée pour hypnotiser.

paient, il lui disait : — « Viens ! viens ! » Elle tournait toujours ; les tympanons sonnaient à éclater, la foule hurlait. Mais le Tétrarque criait plus fort : — « Viens ! viens ! Tu auras Capharnaüm ! la plaine de Tibérias ! mes citadelles ! la moitié de mon royaume ! »

Elle se jeta sur les mains, les talons en l'air, parcourut ainsi l'estrade comme un grand scarabée ; et s'arrêta, brusquement.

Sa nuque et ses vertèbres faisaient un angle droit. Les fourreaux de couleur qui enveloppaient ses jambes, lui passant par-dessus l'épaule, comme des arcs-en-ciel, accompagnaient sa figure, à une coudée du sol. Ses lèvres étaient peintes, ses sourcils très noirs, ses yeux presque terribles, et des gouttelettes à son front semblaient une vapeur sur du marbre blanc.

Elle ne parlait pas. Ils se regardaient.

Un claquement de doigts se fit dans la tribune. Elle y monta, reparut ; et, en zézayant un peu, prononça ces mots, d'un air enfantin :

— « Je veux que tu me donnes, dans un plat, la tête... » Elle avait oublié le nom, mais reprit en souriant : « La tête de Iaokanann ! »

Le Tétrarque s'affaissa sur lui-même, écrasé.

Il était contraint par sa parole, et le peuple attendait. Mais la mort qu'on lui avait prédite, en s'appliquant à un autre, peut-être détournerait la sienne ? Si Iaokanann était véritablement Élie, il pourrait s'y soustraire ; s'il ne l'était pas, le meurtre n'avait plus d'importance.

Mannaeï était à ses côtés, et comprit son intention.

Vitellius le rappela pour lui confier le mot d'ordre, des sentinelles gardant la fosse.

Ce fut un soulagement. Dans une minute, tout serait fini !

Cependant, Mannaeï n'était guère prompt en besogne.

Il rentra, mais bouleversé.

Depuis quarante ans il exerçait la fonction de bourreau. C'était lui qui avait noyé Aristobule, étranglé Alexandre, brûlé vif Matathias, décapité Zosime, Pappus, Joseph et Antipater ; et il n'osait tuer Iaokanann ! Ses dents claquaient, tout son corps tremblait.

Il avait aperçu devant la fosse le Grand Ange des Samaritains, tout couvert d'yeux et brandissant un immense glaive, rouge, et dentelé comme une flamme. Deux soldats amenés en témoignage pouvaient le dire.

Ils n'avaient rien vu, sauf un capitaine juif, qui s'était précipité sur eux, et qui n'existait plus.

La fureur d'Hérodias dégorgea en un torrent d'injures populacières et sanglantes. Elle se cassa les ongles au grillage de la tribune, et les deux lions sculptés semblaient mordre ses épaules et rugir comme elle.

Antipas l'imita, les prêtres, les soldats, les Pharisiens, tous réclamant une vengeance, et les autres, indignés qu'on retardât leur plaisir.

Mannaeï sortit, en se cachant la face.

Les convives trouvèrent le temps encore plus long que la première fois. On s'ennuyait.

Tout à coup, un bruit de pas se répercuta dans les couloirs. Le malaise devenait intolérable.

La tête entra ; — et Mannaeï la tenait par les cheveux, au bout de son bras, fier des applaudissements.

Quand il l'eut mise sur un plat, il l'offrit à Salomé.

Elle monta lestement dans la tribune ; plusieurs minutes après, la tête fut rapportée par cette vieille femme que le Tétrarque avait distinguée le matin sur la plate-forme d'une maison, et tantôt dans la chambre d'Hérodias.

Il se reculait pour ne pas la voir. Vitellius y jeta un regard indifférent.

Mannaeï descendit l'estrade, et l'exhiba aux capitaines romains, puis à tous ceux qui mangeaient de ce côté.

Ils l'examinèrent.

La lame aiguë de l'instrument, glissant du haut en bas, avait entamé la mâchoire. Une convulsion tirait les coins de la bouche. Du sang, caillé déjà, parsemait la barbe. Les paupières closes étaient blêmes comme des coquilles ; et les candélabres à l'entour envoyaient des rayons.

Elle arriva à la table des prêtres. Un Pharisien la retourna curieusement ; et Mannaeï, l'ayant remise d'aplomb, la posa devant Aulus, qui en fut réveillé. Par l'ouverture de leurs cils, les prunelles mortes et les prunelles éteintes semblaient se dire quelque chose.

Ensuite Mannaeï la présenta à Antipas. Des pleurs coulèrent sur les joues du Tétrarque.

Les flambeaux s'éteignaient. Les convives partirent ; et il ne resta plus dans la salle qu'Antipas, les mains contre ses tempes, et regardant toujours la tête coupée, tandis que Phanuel, debout au milieu de la grande nef, murmurait des prières, les bras étendus.

À l'instant où se levait le soleil, deux hommes, expédiés autrefois par Iaokanann, survinrent, avec la réponse si longtemps espérée.

Ils la confièrent à Phanuel, qui en eut un ravissement.

Puis il leur montra l'objet lugubre, sur le plateau, entre les débris du festin. Un des hommes lui dit :

— « Console-toi ! Il est descendu chez les morts annoncer le Christ ! »

L'Essénien comprenait maintenant ces paroles : « Pour qu'il croisse, il faut que je diminue. »

Et tous les trois, ayant pris la tête de Iaokanann, s'en allèrent du côté de la Galilée.

Comme elle était très lourde, ils la portaient alternativement.

Du vitrail

au texte

Valérie Lagier

Du vitrail au texte

*Julien tue son père et sa mère
dans son propre lit*[1]

... Une étincelle primordiale...

Rares sont les œuvres littéraires nées de l'émotion éprouvée par leur auteur à la simple vue d'une œuvre d'art. Et pourtant, il semble que, chez Flaubert, ce phénomène n'ait rien d'exceptionnel. Ainsi, un tableau de Bruegel (1525-1569), aperçu lors d'une visite au palais Balbi à Gênes, lui inspire le récit de *La Tentation de saint Antoine* (première version en 1849). Et à la source de deux des *Trois Contes, Saint Julien l'Hospitalier* et *Hérodias* (1877), se trouvent des œuvres appartenant au programme décoratif de la cathédrale de Rouen, le vitrail de saint Julien l'Hospitalier, dans le déambulatoire nord du chœur et trois scènes d'un bas-relief sculpté du portail Saint-Jean, sur la façade occidentale. L'émotion ressentie face à ces deux chefs-d'œuvre du XIIIe siècle, imprimée dès l'enfance dans l'imaginaire de l'écrivain, agit alors comme une étincelle primordiale, une première idée vague, que l'immense

---

1. Vitrail de saint Julien l'Hospitalier. Situé dans le déambulatoire nord de la cathédrale de Rouen, XIIIe siècle.

documentation accumulée au fil du temps vient nourrir et conforter. Car Flaubert remonte lentement le chemin qui conduit de l'œuvre au texte qui l'a inspiré. Mais, s'il remonte à la source iconographique des cycles de saint Julien et de saint Jean-Baptiste, c'est avec le désir de dépasser les limites de la légende pour entrer dans la réalité romanesque, insufflant à ses personnages une épaisseur historique et une dimension humaine que les textes anciens (*La Légende dorée* de Jacques de Voragine pour saint Julien et les *Évangiles* de saint Marc et de saint Matthieu pour saint Jean-Baptiste) sont bien incapables de rendre. Pour donner corps à sa vision, Flaubert se plonge ensuite longuement dans des ouvrages historiques et archéologiques qui lui restituent, trait à trait, le quotidien médiéval de Julien ou le réel antique d'Hérode, Hérodias et Jean-Baptiste. L'écrivain ne se veut pourtant pas historien, il cherche simplement à fixer, le plus fidèlement possible, le décor dans lequel évoluent ses personnages, mais le souffle de vie dont il les anime est le fruit de son seul génie littéraire. Il les modèle, à la manière d'un peintre ou d'un sculpteur, faisant naître du néant une forme plus vraie que nature, et les dote d'une âme, faite de sentiments et d'émotions, de pensées et d'actions. Dans le cas de Julien l'Hospitalier, le processus qui conduit Flaubert, depuis la découverte du vitrail, à réussir l'incarnation de son personnage, à force de lectures et de documentation, durera plus de trente ans. Comprendre ce long périple, le suivre pas à pas, suppose de retrouver la source de son émotion originelle, ce vitrail de saint Julien l'Hospitalier de la cathédrale de Rouen, miraculeusement rescapé des modifications de l'édifice au XVe siècle et des bombardements de la Seconde Guerre mondiale. Dans cette magnifique verrière composée, selon l'usage du XIIe siècle, de petites scènes en médaillon sur une résille géométrique, le meurtre des parents de Julien occupe une place exactement centrale. C'est la scène du drame qui, dans l'impressionnant programme iconographique du vitrail comme dans le récit romanesque de Flaubert, fait basculer le destin du jeune noble et le conduit sur les chemins de la sainteté. Tous les autres épisodes de la vie de Julien l'annoncent ou tentent de l'expier.

… Une lente élévation vers la lumière…

En un temps, le XIIIe siècle, où l'architecture commence à se construire presque sans murs, les croisées d'ogives repoussant le poids des voûtes vers les piliers, les cathédrales se dotent d'immenses baies vitrées qui inondent l'espace d'une douce lumière colorée. Ces fenêtres effilées s'ornent de scènes figurées, ordonnées selon un strict programme iconographique : cycles narratifs consacrés à la Vierge ou au Christ, légendes des saints ou récits tirés de l'Ancien Testament. Mais, contrairement à l'usage occidental qui veut qu'une image se lise de haut en bas, la verrière déroule le fil de ses épisodes de bas en haut, comme pour obliger le fidèle à une certaine élévation de l'âme pour approcher la sphère céleste, placée au sommet, dans la pointe ogivale de la baie. Le vitrail consacré à saint Julien l'Hospitalier n'échappe pas à cette règle. Fait d'un ensemble de vingt-huit saynètes carrées, reliées entre elles par des *barlotières*[1] en métal, le cycle de la vie de Julien s'ouvre par un épisode de son enfance pour se clore en apothéose. Le saint et son épouse y sont enlevés par deux anges dont les ailes se lovent dans la forme courbe de l'ogive. Au sommet, dans la pointe triangulaire, un Christ en majesté les accueille. Trois compartiments, à la base du vitrail, n'appartiennent pas au cycle hagiographique[2]. Ils montrent des poissonniers derrière leur étal : ce sont les commanditaires de la verrière, qui l'ont offert à la cathédrale et assurent ainsi, comme l'usage en est courant à l'époque, une publicité à leurs bonnes œuvres.

… L'homme sous le saint…

Lorsque Flaubert découvre pour la première fois cet ensemble, il n'est nullement en mesure d'en comprendre le sens profond. Car la lecture iconographique de la baie est fort complexe et la petitesse des détails, juchés au sommet, rend l'identification des épisodes fort hasardeuse. Il ne peut donc avoir été impressionné que par une vision d'ensemble avant de découvrir, des années plus tard, à travers un ouvrage publié à Rouen en 1832 par un certain Eustache-Hyacinthe Langlois, intitulé *Essai historique et descriptif sur la peinture sur verre,*

---

1. Élément de l'armature qui consiste en une barre de fer en T destinée à maintenir le vitrail dans la fenêtre.
2. Relatif au récit de la vie d'un saint.

l'explication détaillée et commentée du cycle narratif du vitrail, accompagnée d'une gravure. Cet auteur ne se contente pas de décrire, il apporte de nouveaux éléments à la légende, indispensables à la compréhension du cycle, qui sont absents de la verrière et dont Flaubert saura tirer un profit certain dans son récit. Le goût prononcé de Julien pour la chasse y est clairement énoncé. Et si le vitrail reste muet sur l'épisode du cerf, où se met en place la prophétie conduisant au meurtre des parents de Julien, Langlois se plaît à raconter la scène en détail, rapportant les propos de l'animal : « Tu me poursuis, toi qui tueras ton père et ta mère ? » Étonné de l'absence de cet épisode crucial du récit dans la verrière, Langlois imagine d'ailleurs que la scène « devait faire partie des vitraux historiés de quelque fenêtre voisine, avec lesquels elle aura disparu ». Dans son entreprise de décryptage iconographique, Langlois s'appuie, bien entendu, sur les textes qui ont fixé la légende du saint et, en particulier, *La Légende dorée* de Jacques de Voragine (XIIIe siècle) à laquelle il emprunte ses dialogues. Le texte de Flaubert, en nombre de points, s'éloigne de l'histoire mise en scène par le vitrail comme de la transcription enrichie qu'en donne Langlois. Si le cycle narratif de la baie accorde un égal traitement à la vie du noble Julien et au parcours de l'Hospitalier, en marche vers la sainteté à travers ses œuvres charitables, Flaubert montre avant tout Julien comme un homme longtemps cruel, obsédé par le meurtre des animaux et le combat guerrier, puis profitant de la vie douce et heureuse d'un époux comblé, et il n'accorde à son cheminement mystique et caritatif qu'une courte conclusion. En nous permettant d'accompagner Julien dans ses activités triviales et souvent peu glorieuses, Flaubert cherche à nous faire sentir l'homme sous le saint, à nous rendre la psychologie d'un être pétri de faiblesses qui ne parvient à la lumière qu'après un long périple obscur et sanguinaire. Et le meurtre de ses parents, point d'orgue de ses errements monstrueux, signe en même temps le début de sa rédemption.

… Un rayonnement chamarré…

Pour rendre toute l'abomination de cette scène, l'auteur du vitrail de Rouen s'appuie sur les quelques lignes que lui consacre *La Légende dorée* : « Arriva Julien qui entra dans sa chambre à coucher comme pour éveiller sa femme ; mais trouvant deux personnes endormies, il suppose que c'est sa femme avec un adultère, tire son épée sans faire de bruit et les tue l'un et l'autre ensemble. » L'artiste choisit de nous montrer la scène de profil, et privilégie l'instant fatidique où la large épée de Julien s'abat sur la tête de sa mère. Le décor, extrêmement dépouillé, un lit et deux piliers surmontés d'une arcade, n'en est pas moins rendu avec une incroyable efficacité si l'on considère l'exiguïté du cadre dans lequel il se déploie et la difficulté de mise en œuvre de la technique. Car l'artiste est soumis, dans son élan créatif, à l'ensemble des contraintes du matériau et de sa mise en forme. Un projet dessiné de la scène est d'abord agrandi sur papier fort à la taille du carreau de vitrail. Cette maquette grandeur réelle, appelée carton, comporte déjà le schéma de l'armature, le dessin du réseau de plomb qui lie les morceaux de verre entre eux et les détails du modelé. Le peintre-verrier doit traduire ensuite en une mosaïque de verre coloré les subtilités de son dessin. Il ne dispose, au XIIIe siècle, que d'un nombre restreint de couleurs : le bleu, dû à l'oxyde de cobalt, le rouge, teinté au cuivre ainsi que le vert, le pourpre, obtenu grâce au manganèse et le jaune, coloré à l'antimoine. Cette gamme chromatique réduite n'en donne pas moins aux vitraux du XIIIe siècle une sorte d'éclat étrange et profond, propre à matérialiser aux yeux du fidèle le halo de la lumière divine. Car les fragments de verre teintés dans la masse laissent filtrer en transparence la lueur du dehors et la transforment en un rayonnement chamarré. Le verrier joue sur une constante alternance des couleurs, rendues plus éclatantes par le voisinage de leurs complémentaires. Ainsi, les rouges et les bleus de la résille géométrique, qui sert de fond au médaillon figuré, brillent d'un éclat soutenu tout en se mêlant, dans l'œil du fidèle, en un violet intense. Le modelé des visages, des drapés, des décors architecturaux est ensuite peint en grisaille sur chaque verre coloré. Si Flaubert ne laisse rien transparaître, dans son texte, de sa dette envers le vitrail, s'il remplace l'épée de Julien par un poignard et s'il insuffle une cruauté réaliste au geste meurtrier, il n'en éprouve pas moins le besoin, par une phrase minuscule, de rappeler sa présence translucide dans la scène : « Les vitraux garnis de plomb obscurcissaient la pâleur de l'aube. » Un peu comme s'il voulait rendre un hommage discret à son premier émerveillement, à cette étincelle naïve qui ne demandait, pour éclore en un conte structuré et réaliste, qu'une longue appropriation, une profonde intimité avec le sujet et ses protagonistes. Car Flaubert ne nous montre pas seulement le geste, il nous le fait vivre de l'intérieur, il nous dit la surprise, puis la jalousie et enfin la fureur qui le rendent inéluctable : « Éclatant d'une colère démesurée, il bondit sur eux à coups de poignard ; et il trépignait, écumait, avec des hurlements de bête fauve. »

… Une porte entre les esprits…

Le merveilleux pouvoir d'une œuvre d'art est d'échapper au temps et de survivre pendant des siècles à son auteur. Elle est un véhicule fidèle d'une beauté ancienne, rendue éternelle par les matériaux mis en œuvre, capables d'emprisonner dans leur sein le souffle créateur d'un individu même si rien d'autre ne subsiste de lui. Le peintre-verrier qui a su raconter la vie de saint Julien l'Hospitalier est, comme un grand nombre d'artistes médiévaux, un illustre anonyme. Tous les visiteurs de la cathédrale contemplent depuis des siècles le fruit de son labeur, émerveillés par le scintillement de la lumière à travers le filtre bigarré qu'il dessine, tout en restant souvent ignorant de la complexité de son symbolisme. Et puis un jour, cette œuvre ouvre soudain une porte entre les esprits, établissant un lien invisible et secret, par-delà le temps et l'espace, entre l'âme de son créateur et celle de son spectateur. Flaubert, en écrivant la vie de saint Julien l'Hospitalier, lui accorde un temps d'étude et d'observation bien supérieur à celui que lui concède le visiteur habituel. L'œuvre entre dans sa pensée, y fait son nid, devient une part intégrante de lui-même, avant d'être oubliée, puis retrouvée, comme une graine qui ne demande pour germer qu'une goutte de pluie. Cette goutte est une lecture, un souvenir, qui vient raviver la vision, et oblige la pensée à revenir au sujet. Si saint Julien a accompagné Flaubert très longtemps avant d'être couché sur le papier, en retour, la lecture du conte, la recherche de ses sources nous redonne à voir le vitrail, nous invite à le parcourir et à l'admirer, nous rappelant qu'une œuvre oubliée n'attend qu'un regard pour retrouver vie, un peu comme l'or qui, même terni, reprend son éclat au moindre frottement.

Le texte

en perspective

Marie Basuyaux

Vie littéraire

Le récit court : un « mauvais » genre ?

LE TERME DE « récit court » sert à désigner aussi bien le conte que la nouvelle. Mais pourquoi diable parler de la nouvelle alors que Flaubert lui-même choisit de désigner ses trois textes précisément par leur genre : *Trois contes* ? Ce titre est apparemment dépourvu de toute ambiguïté... Les choses ne sont pourtant pas aussi claires en matière de classification littéraire, surtout au XIXe siècle. À cette époque, les auteurs comme les lecteurs confondent contes et nouvelles. Pour mesurer la portée du titre choisi par Flaubert, il est indispensable de s'interroger sur les caractéristiques de chaque genre. Au-delà même de la distinction entre conte et nouvelle, des questions se posent sur le fonctionnement du récit court (par opposition au roman, ce « long récit ») : l'auteur compose-t-il un conte ou une nouvelle de la même façon qu'un roman ? Y a-t-il une écriture spécifique du récit court, ou bien le conte et la nouvelle ne sont-ils que des « romans raccourcis » ?

Au XIXe siècle, le récit court connaît son apogée ; certains auteurs, comme Prosper Mérimée, se spécialisent dans ce genre ; d'autres, au premier rang desquels Guy de Maupassant, en produisent une quantité considérable. Les romanciers majeurs du siècle en composent à un moment de leur carrière. Pourtant, aucun d'eux ne pense passer à la postérité grâce à ces textes courts. Maupassant lui-même plaçait plus d'espoir dans ses romans que dans ses contes et nouvelles. Voilà qui montre bien que le succès ne va pas toujours de pair avec la considération... Qu'en est-il du regard que posent les auteurs (et les critiques) sur le récit court au XIXe siècle ? D'où vient cette idée que, lorsqu'ils sont courts, les genres sont « mineurs » ou sont même de « mauvais genres » ?

1.

Est-il sérieux d'écrire des contes ?

T*rois Contes* est le dernier texte achevé et publié par Flaubert : cela lui donne un statut particulier. Cet auteur fait le choix, après avoir édité plusieurs grands romans, d'écrire pour la première fois des contes : ce changement orienta les réactions de la critique de l'époque.

1. *La réception de* Trois Contes *par la critique : entre admiration...*

Le recueil connut un succès indéniable, ce qui ne fut pas le cas de toutes les œuvres de Flaubert. Le thème de la sainteté rassura en quelque sorte la critique (n'oublions pas que l'un des romans de Flaubert, *Madame Bovary*, lui valut un procès : on lui reprochait d'être moralement dangereux ; la réputation de Flaubert était donc loin d'être celle d'un saint...).

Pour certains critiques, *Trois Contes* représentait à la fois le sommet et la synthèse de l'œuvre de Flaubert. Car chaque conte paraît faire écho à l'un de ses textes antérieurs : la vie décevante de Félicité en Normandie rappelle les désillusions d'Emma dans *Madame Bovary* ; *La Légende de saint Julien l'Hospitalier* évoque une autre histoire de saint : celle de *La Tentation de saint Antoine* ; et la reconstitution de l'Antiquité dans laquelle nous plonge *Hérodias* fait pendant à *Salammbô*.

Le recueil vaut aussi comme un « art du raccourci ». La longueur limitée de chaque conte semble avoir opéré une concentration et une épure de l'écriture flaubertienne : les critiques mettent plus que jamais l'accent sur son style ; les dimensions réduites des contes ont permis d'en faire des bijoux « ciselé[s] à la manière des maîtres joailliers d'autrefois », comme l'affirme Laure de Maupassant.

2. *...et condamnation du genre*

À l'inverse, certains condamnent vigoureusement le recueil. Leurs reproches portent, selon les sensibilités de chacun, sur l'un ou l'autre des contes. *Un cœur simple* est perçu comme une charge « contre la bêtise humaine », *Hérodias* semble trop plein d'« archéologie », et l'« abondance de surnaturel » est jugée excessive dans *Saint Julien*.

La critique particulière des textes verse rapidement dans la critique plus générale du genre : choisir de pratiquer le récit court semble condamnable en soi ! D'où ce jugement de Brunetière dans *La Revue des Deux Mondes* du 1er juin 1877 :

> Il y a quelque surprise dont on se défend mal à voir un écrivain finir par où les autres commencent, ayant commencé par où les autres finissent [...] Ceci, c'est la marque d'une invention qui tarit.

Considération hâtive — et naïve — qui assimile longueur à qualité... Passer du roman au conte est considéré comme une régression, un épuisement des forces créatrices. Cette opinion donne un indice clair de la « mauvaise réputation » qu'a le conte ou plus généralement le récit court au XIXᵉ siècle : situation paradoxale puisque, tout en étant apprécié par le public, il ne jouit pas d'une vraie considération de la part des auteurs et des critiques.

3. *Le récit bref : un genre mineur ?*

Comment expliquer cette relative condescendance à l'égard du récit court, même en un siècle où il est prisé par le public ? Serait-ce parce qu'il semble plus facile d'écrire un texte court qu'un roman de cinq cents pages ? Cela serait trop simple ; et l'on pourrait alors s'étonner de l'importance accordée à la poésie. Cela viendrait-il du mode de lecture qu'il implique ? Peut-être... Le récit court se lit vite, le lecteur « enchaînant » dans la lecture d'un recueil plusieurs récits et les oubliant peut-être plus facilement qu'un roman. Le public auquel il est destiné serait-il moins estimable ? On peut être porté à le croire, au moins pour le conte, longtemps méprisé car considéré comme une littérature réservée à la jeunesse.

Au XXᵉ siècle, la tendance semble s'inverser par rapport au siècle précédent : le récit court n'est plus méprisé par la critique et reçoit enfin une forme de reconnaissance officielle. Preuve en est donnée par la création en 1971 d'un Prix spécial de la nouvelle par l'Académie française. Mais c'est du public que vient aujourd'hui la désaffection : on lit et on achète peu de recueils de nouvelles.

Et pourtant... le récit bref porte bien des exigences. Plus un texte est court, et plus il se doit d'être parfait. Une imperfection, un mot de trop déséquilibrent plus fortement une œuvre brève qu'une œuvre longue. Et pour le théoricien G. Lukács, la nouvelle reste « la plus artistique des formes ».

2.

Trois « contes » ?

1. *Trois « contes » profondément différents*

Le titre choisi par Flaubert pour son recueil est d'une simplicité confondante : *Trois Contes*. Il suggère un ensemble homogène, au moins sur le plan générique. Or, quelle n'est pas notre surprise lorsque nous découvrons trois textes singuliers : un récit de vie sur le mode réaliste ; un autre récit de vie, mais sur le mode merveilleux puisqu'il s'agit d'une vie tirée de la légende chrétienne ; un dernier texte enfin centré sur un épisode inscrit dans l'histoire sainte puisqu'il s'agit de la mort de saint Jean-Baptiste, racontée dans l'Évangile. Le titre du recueil n'aurait-il pas pour fonction de dissimuler, sous une appellation commune et simple, l'hétérogénéité réelle des récits ?

2. Trois genres distincts ?

Si le terme de « conte » semble au premier abord se justifier pour *La Légende de saint Julien* et *Hérodias,* dans la mesure où ces textes présentent des caractéristiques liées au merveilleux et aux vies de saints, les choses sont bien différentes pour *Un cœur simple.* Le réalisme qui prévaut semble mieux s'accorder à la nouvelle. Par ailleurs, le terme de « légende » inscrit dans le titre du troisième texte de Flaubert pose une nouvelle question : aurait-on basculé dans un autre genre littéraire ?

Les remarques des contemporains ajoutent à la confusion. Le critique Charles Bigot, dans un article paru en juin 1877, considère que les trois récits sont des nouvelles ; il interprète comme une marque d'humilité la décision de Flaubert de les intituler « conte » : « *[...] un volume avec trois courtes nouvelles. Il l'a modestement intitulé :* Trois Contes ». Voilà qui sous-entend que le conte serait un genre « inférieur » à la nouvelle ! Pour accroître notre perplexité, Jean-Marc de Biasi affirme que Flaubert rassemble, dans *Trois Contes,* une légende, un conte et une simple nouvelle, *Un cœur simple* : la belle unité du titre part en éclats !

3. Le point de vue de Flaubert

Pourtant, il est difficile de voir en Flaubert un adepte de l'approximation en matière de langage, lui qui cherche toujours le mot « juste ». Dans sa correspondance, il utilise essentiellement le mot « conte » pour désigner ses textes (à côté de quelques rares occurrences de termes différents : « nouvelle », « chose courte »). *Un cœur simple* tenterait alors d'élaborer un nouveau type de conte, moderne, lié à l'époque contemporaine.

Mais alors, comment différencier un tel conte de la nouvelle ? Et finalement, quelle valeur accorder à cette terminologie qui apparaît flottante ? Lorsqu'on tente de définir le conte par rapport à la nouvelle, il se trouve toujours un contre-exemple pour venir invalider la fragile frontière. Cette question des limites des genres se pose avec d'autant plus de force au XIXᵉ siècle : les auteurs brouillent les cartes plus encore qu'aux siècles précédents.

L'écrivain
à sa table de travail

Flaubert joue avec les genres

1.

Entre le conte et la nouvelle :
des frontières floues

1. *Une dénomination variable*

Le fait que les frontières soient poreuses entre les deux genres est bien le signe que conte et nouvelle ont des traits communs : ce sont des récits inventés, courts, et bâtis comme de petits drames. La confusion entre les deux genres existe depuis la naissance de la nouvelle (pour la France, au XVe siècle), mais elle se cristallise au XIXe siècle. *La Vénus d'Ille* de Mérimée, par exemple, est tour à tour désignée par son auteur lui-même comme un « conte » ou comme une « nouvelle ». Les deux termes ne sont pas exclusifs l'un de l'autre dans l'esprit des auteurs. Par prudence, commençons par observer les caractéristiques communes aux deux genres, avant de chercher quelles pourraient être leurs différences.

2. « Courts » ?

La question de leur longueur est loin d'être aussi simple qu'on le pense au premier abord. Ce sont des récits « courts », certes, mais que recouvre exactement cet adjectif ? Des réalités bien variables, il faut le craindre. On découvre en effet que certains récits « courts » font plusieurs centaines de pages, tandis que d'autres se limitent à quelques lignes… La longueur moyenne varie selon les époques ; le récit « court » dépassait rarement deux ou trois pages au XVe siècle ; il était plus proche de vingt-cinq au XVIe siècle, pour atteindre cent pages ou plus au XVIIe. Et que dire des *Nouvelles en trois lignes* de Félix Fénéon (1906) ? Il semble donc absurde de donner une limite chiffrée. Retenons peut-être l'idée d'André Gide (1869-1951) : la nouvelle est faite pour être lue d'une traite.

3. Simplicité et efficacité

Si elle est difficile à circonscrire, la brièveté est néanmoins essentielle car elle détermine les caractéristiques majeures du conte et de la nouvelle : faire court oblige à faire simple et à viser l'efficacité, à dire beaucoup en peu de mots. La simplicité est ce qui distingue du roman le récit court : il est impossible de mener plusieurs intrigues de front dans un espace narratif aussi limité. Contes et nouvelles se caractérisent donc par une intrigue simple, des personnages peu nombreux, le plus souvent sans épaisseur psychologique et qui n'évoluent guère au cours du récit. Ils obéissent non seulement à une unité d'action, mais à une unité d'intention : tous les éléments du texte doivent concourir au dénouement. C'est aussi cette brièveté qui explique le lien entre le récit court et le merveilleux ou le fantastique. En effet, la nécessité d'être efficace, de concentrer ses effets, conduit l'auteur à recourir au surnaturel pour permettre des changements rapides de situation.

Il y a donc nécessairement quelque chose de « limité » dans le récit court : soit l'anecdote, soit la psychologie des personnages. Dans le conte, les événements sont souvent nombreux : ce sont donc plutôt les personnages qui sont sans épaisseur. La nouvelle offre, en revanche, des portraits habituellement plus fouillés : c'est alors l'intrigue qui s'en trouve réduite, se limitant souvent à une anecdote, à une aventure ponctuelle, à un épisode. Puisqu'elle ne peut représenter le monde dans sa complexité et sa totalité, la qualité de la nouvelle provient de sa capacité à délimiter un sujet.

4. *Le recueil : une lecture à la fois « facile » et « difficile »*

Le récit bref peut être lu en une seule fois. Ce mode de lecture donne au lecteur une conscience claire de la structure de l'œuvre et de ses détails : macro-lecture et micro-lecture ne font qu'un. Lorsque la fin du texte repose sur un effet de surprise, la brièveté invite à une relecture « enquête », afin de repérer d'éventuels indices qui auraient pu échapper à la première lecture.

Un texte court connaît souvent un premier mode d'existence « individuelle » lorsqu'il est édité seul dans la presse, puis il poursuit en général son existence sur le mode collectif lorsqu'il est associé à d'autres récits courts au sein d'un recueil. Or, la lecture d'un recueil n'est pas une activité identique à la lecture d'un roman. Moins intimidante en raison de la longueur relativement modeste de chaque texte, mais aussi par la liberté dans l'ordre de lecture des différents récits. Plus difficile car le lecteur n'a pas le temps, dans une nouvelle ou un conte, de s'installer dans un univers. À peine est-il familiarisé avec un lieu, un temps, des protagonistes et une action, qu'il lui faut quitter cet univers pour se replonger dans un autre. Ainsi, à chaque reprise de la lecture, le lecteur est privé des retrouvailles que permet le roman.

Le recueil de récits courts offre pourtant des possibilités que ne possède pas le roman. Constitué d'histoires courtes, il laisse le choix de l'organisation des histoires les unes par rapport aux autres. À l'auteur de décider de l'ordre dans lequel il disposera ses récits, à lui de choisir un lien thématique ou au contraire une variété de sujets, de créer des effets d'unité ou de contraste, à lui enfin d'orienter la tonalité générale du recueil.

L'œuvre de Flaubert gagne ainsi à être analysée en tant que recueil : pourquoi Flaubert a-t-il choisi cet ordre (*Un cœur simple, La Légende de saint Julien l'Hospitalier, Hérodias*) plutôt que l'ordre dans lequel il a écrit les récits (d'abord *La Légende de saint Julien l'Hospitalier,* puis *Un cœur simple,* enfin *Hérodias*) ? Les récits ont-ils un thème commun ? S'opposent-ils ?

Le titre général *Trois Contes* laisse ouvertes toutes les possibilités d'analyse. En revanche, d'autres recueils donnent d'emblée, par leur titre, une indication sur l'unité des textes rassemblés. Cette unité est parfois faible et presque artificielle dans la mesure où elle reste extérieure aux textes ; les *Contes du lundi* d'Alphonse Daudet se contentent d'indiquer les circonstances de leur première parution : chaque lundi, dans le quotidien *Le Soir*. La cohésion peut être plus importante lorsqu'elle est véritablement liée au sens des textes ; certains titres de recueil dénotent une unité géographique (*Chroniques italiennes* de Stendhal, *Nouvelles orientales* de Marguerite Yourcenar) ; d'autres suggèrent un lien thématique (comme les inquiétantes *Diaboliques* de Jules Barbey d'Aurevilly).

5. *Le conte : un texte « conté » ; et la nouvelle ?*

Le terme « conte » contient en lui l'idée de voix, celle du conteur. À l'origine, le conte appartient à la littérature orale : le conteur « n'inventait » pas son récit, il en puisait la trame dans un répertoire traditionnel et son rôle se limitait à le transmettre, en lui imprimant, certes, sa marque personnelle. Écrits, les contes conservent de cette origine des caractères d'oralité. On en trouve la trace dans les *Contes* (1812-1822) des frères Grimm qui ont collecté un ensemble de contes populaires allemands. Leur transcription cherche à laisser des marques de l'origine orale des contes, de leur transmission de bouche à oreille. À la fin de plusieurs contes, le narrateur se manifeste nettement et se met en scène dans son rôle de conteur ; ainsi *La Gardeuse d'oies à la fontaine* se termine-t-il par ces mots :

> L'histoire continue, mais ma grand-mère, qui me l'a racontée, avait un peu perdu la mémoire, elle avait oublié le reste. Toutefois, je crois que la belle princesse a épousé le comte, qu'ils sont restés ensemble dans le château, et qu'ils y ont vécu en toute félicité aussi longtemps que Dieu l'a voulu.

La voix du conteur restaure une forme de communauté à l'intérieur du texte, ainsi *La Clé d'or* des frères Grimm transforme le lecteur en auditeur à la fin du récit :

> Puis il la tourna une fois dans la serrure, et maintenant il nous faut attendre qu'il ait fini d'ouvrir et soulevé le couvercle, nous saurons alors quelles choses merveilleuses étaient contenues dans la cassette.

Par la suite, les contes littéraires ont souvent cherché à provoquer des effets similaires. On en trouve un exemple frappant à la fin de *La Légende de saint Julien l'Hospitalier* par la manifestation soudaine de la présence du narrateur :

> Et voilà l'histoire de saint Julien l'Hospitalier, telle à peu près qu'on la trouve, sur un vitrail d'église, dans mon pays.

On aimerait pouvoir dire que ce trait caractérise spécifiquement le conte, mais ce serait compter sans la faculté d'imitation de la nouvelle... Elle ne se contente d'ailleurs pas d'imiter ces intrusions très personnelles du narrateur dans le récit : dès sa naissance, la nouvelle met en scène la parole conteuse ;

des personnages se racontent des histoires : c'est le *cadre* de communication qui permet l'échange de « nouvelles ». Les premiers recueils obéissent à ce fonctionnement ; ainsi dans *L'Heptaméron* de Marguerite de Navarre (ou d'Angoulême, ou de Valois), le personnage de Parlamente, qui doit attendre l'achèvement d'un pont pour poursuivre sa route, propose à ses compagnons d'imiter le recueil de Boccace : chaque jour, un des voyageurs raconte une série d'histoires pour distraire les autres. Maupassant est passé maître dans l'exploitation de cette technique du cadre ; la plupart de ses récits mettent en scène un narrateur face à un public. Les réactions de l'auditoire, surprise ou terreur, influencent bien sûr celles du lecteur.

2.

Du conte à la nouvelle : tentative de distinction

Une inquiétante question se pose à nous : comment trouver des critères permettant de distinguer les différents genres du récit court si la nouvelle tend à imiter le conte ? Refusant de céder à la perplexité, nous espérons malgré tout découvrir quelques lignes de partage… Fions-nous à notre attente de lecteur : l'intitulé « conte » ne nous met pas dans les mêmes dispositions que celui de « nouvelle ». Quelles caractéristiques justifient cette intuition ?

1. *Des origines et des évolutions distinctes*

Le conte est un genre très ancien : un conte égyptien a été retrouvé sur un papyrus datant du XIIIe siècle avant J.-C. Pour comprendre son histoire, il est important de rappeler qu'il existe deux catégories : les contes populaires et les contes littéraires. Le « conte populaire » désigne des récits en prose, fictifs, transmis oralement. Hérités de la tradition, ils sont racontés par un conteur, qui mêle sa personnalité et son talent à la trame d'une histoire issue de la mémoire collective. Un important travail de collecte et de transcription des contes a été réalisé, pour éviter qu'ils ne se perdent dans l'oubli. On pense au recueil d'*Histoires ou Contes du temps passé* de Charles Perrault, paru en 1697, qui rassemble plusieurs contes que l'auteur « a ouï conter dans son enfance », ou à ceux des frères Grimm. La critique Marthe Robert nous dit qu'ils ont entrepris de « rassembler, de transcrire et de publier les contes populaires dont la tradition vivait encore à leur époque dans les pays allemands », afin de « les sauver de l'oubli avant que leur déclin fût irrémédiable ». Ces contes populaires, qui appartiennent aux folklores des peuples, présentent des ressemblances étonnantes dans leur structure et dans les fonctions occupées par les personnages ; l'étude de Vladimir Propp sur les contes merveilleux montre que leurs épisodes obéissent à un schéma identique (une interdiction est formulée au héros, il la transgresse, il doit fuir, il reçoit une aide, etc.). Cela explique leur relative uniformité.

Parallèlement à ces contes traditionnels, on trouve

des contes littéraires, inventés de toutes pièces par leur auteur. À l'époque de Perrault, le conte de fées « littéraire » devient une mode, activement pratiquée à la cour et dont les auteurs sont souvent des femmes. Au XVIII\ :sup:`e` siècle, le genre se diversifie et connaît son âge d'or ; au conte de fées s'ajoute le conte oriental (dont la mode est lancée depuis 1704, avec la traduction en français des *Mille et Une Nuits*), le conte philosophique (pratiqué notamment par Voltaire) et le conte moral (avec les *Contes moraux* de Marmontel).

Face à ce genre ancien, la nouvelle semble, comme son nom le suggère, plus « neuve ». Si la naissance de la nouvelle a été préparée dès le Moyen Âge par certains genres courts (comme les lais et les fabliaux), le mot lui-même et le genre qu'il désigne (tous deux d'origine italienne *novella*) ne s'imposent en France qu'au XVI\ :sup:`e` siècle, avec plusieurs grands recueils : celui de Boccace (le *Décaméron* est traduit en français en 1414), de Marguerite de Navarre (*L'Heptaméron* paraît en 1559) et un recueil anonyme qui joue sur le double sens de « nouvelle » : *Les Cent Nouvelles nouvelles* (vers 1460). À l'inverse du conte, la nouvelle se porte mal au XVII\ :sup:`e` et au XVIII\ :sup:`e` siècle ; le roman, qui naît alors, lui impose une rude concurrence au point de menacer son existence. L'époque glorieuse de la nouvelle reste le XIX\ :sup:`e` siècle, pour une raison en partie technique : l'essor de la presse. Les quotidiens et les périodiques constituent en effet un espace propice à la parution de textes brefs ; or, ils sont en plein développement tout au long du siècle et exigent donc des auteurs une production régulière de courts textes de fiction, dont les lecteurs sont friands. Les nouvellistes sont ensuite libres de réunir leurs textes pour les faire paraître, dans un second temps, sous forme de recueil. Il est amusant de constater que certains auteurs sont parfois chargés de deux rubriques dans le même journal : l'une, les « nouvelles », consacrée à la fiction, et l'autre, « la chronique », consacrée à l'actualité. On peut penser que le compte rendu de l'actualité n'est pas sans influence sur l'écriture de la fiction : les « nouvelles » fictives peuvent s'inspirer de « nouvelles » réelles ; le terme retrouve ainsi d'une certaine façon son sens originel.

2. *La représentation du réel : affirmation de réalité ou d'irréalité*

Nous n'associons pas les mêmes connotations aux termes « nouvelle » et « conte », et l'étymologie de chacun des termes ainsi que l'évolution de leur sens doivent y être pour beaucoup. Tous deux représentent la réalité de manière différente. Le *Littré* retrace l'évolution significative des sens du terme « conte » : si son sens originel est relativement neutre :

> 1. Récit, rapport, et, particulièrement, récit de quelque anecdote, de quelque aventure

il prend rapidement le sens de récit plus ou moins fantaisiste :

> 2. Récit d'aventures merveilleuses ou autres, fait en vue d'amuser.
> 3. Par extension, discours ou récit mensonger, peu vraisemblable et auquel on ne croit pas.

À l'inverse, la nouvelle se caractérise par sa prétention à la réalité :

> 1. Le premier avis qu'on reçoit d'une chose, ren-
> seignement sur quelque chose de lointain, de ca-
> ché, d'ignoré.
> 2. Nouvelle se dit aussi de ce que l'on apprend sur
> le compte des personnes.
> 3. Écrit qui raconte ce qui se passe de nouveau.
> Nouvelles politiques, littéraires, etc.
> 5. Sorte de roman très court, récit d'aventures in-
> téressantes ou amusantes.

Certes, les deux récits sont fictifs, pourtant le
conte affiche son invention, tandis que la nouvelle
la dissimule et s'efforce de paraître vraie. Le conte
relève originellement du merveilleux, comme nous
le montre la formule canonique : « Il était une fois »,
qui installe d'entrée de jeu la rupture avec le monde
réel. À l'inverse, la nouvelle s'est caractérisée dès
sa naissance par son évocation précise de la réalité,
tantôt contemporaine, tantôt historique. Le recueil
de Marguerite de Navarre, *L'Heptaméron*, fait ainsi
de constantes allusions aux personnages importants
et aux institutions en place du vivant de l'auteur.

3. *La temporalité : en lien ou en rup-*
ture avec notre temps

Conte et nouvelle n'entretiennent pas non plus
tout à fait le même rapport au temps. Si le temps
de la nouvelle semble être le temps du quotidien, le
temps qui nous est commun, le temps du conte
traditionnel apparaît, lui, absolument différent du
nôtre ; il se place fréquemment dans un passé qu'il

est impossible de définir, obéit à ses lois propres qui peuvent provoquer des ralentissements ou au contraire des accélérations prodigieuses : une princesse dort pendant cent ans, un prince déplace une montagne en une nuit...

Si le conte aime à raconter une vie, depuis la naissance jusqu'à la mort ou jusqu'au moment où il n'y a plus rien à en dire (« Ils vécurent heureux »), la nouvelle préfère saisir l'instant décisif d'une existence, le moment de son basculement.

4. *Le dénouement : fin heureuse ou effet de chute*

Traditionnellement, le conte implique une fin heureuse. Il est important de se souvenir qu'il tire son origine d'une tradition orale de transmission : le conteur racontait à son public une histoire dont la trame était déjà connue. Le plaisir du conte traditionnel ne repose donc pas sur des effets de surprise, bien au contraire. L'auditeur, ou le lecteur, sait que tout se terminera bien, il sait même parfois exactement comment les choses se termineront. Une partie du plaisir vient donc paradoxalement des retrouvailles avec les épisodes, leur ordre, et leurs détails. Il y a une véritable satisfaction à parcourir un déroulement que l'on connaît déjà, à en vérifier l'ordonnancement. Bien des spécialistes du conte traditionnel se sont d'ailleurs penchés sur les vertus que recèlent les contes pour l'enfant : ils mettent en scène un héros en proie à l'adversité, mais qui finit invariablement vainqueur à l'issue du récit. Ce schéma, dans la mesure où le lecteur s'identifie au héros, a de quoi rassurer sur l'avenir...

À l'inverse, la nouvelle tire les plus grands effets de sa fin, au point que toute la nouvelle semble pensée en fonction de son dénouement, de la surprise finale. Elle s'est même spécialisée à partir du XIXᵉ siècle dans « l'effet de chute », qu'il soit comique, fantastique, ou tragique.

Pourtant, une fois encore, il nous faut prendre garde au flou qu'introduit la terminologie utilisée au XIXᵉ siècle : de nombreux recueils intitulés « contes » bousculent la traditionnelle fin heureuse en la remplaçant, par exemple, par une fin « cruelle » : c'est le cas de l'œuvre de Villiers de l'Isle-Adam. Faut-il y voir une prise de distance par rapport au conte traditionnel ou une simple confusion des genres ?

5. *L'image du monde : modèle ou contre-modèle*

Indépendamment de leur fin heureuse ou grinçante, le conte et la nouvelle ne suscitent pas la même impression de lecture car ils ne construisent pas la même image du monde. À la clarté et la stabilité de l'un répond l'incertitude de l'autre.

La dimension morale du conte est perceptible dans la lisibilité de l'univers qu'il met en place : le monde est régi par des oppositions nettes entre bons et mauvais, riches et pauvres, beaux et laids. Sa logique semble ignorer les degrés intermédiaires ; les manifestations de Dieu et du Diable, des fées et des sorcières ordonnent le monde ; ceux qui ont commis des actes répréhensibles sont punis, les autres sont récompensés. Il est donc possible d'en tirer une morale, même si celle-ci n'est pas explicitement formulée ; cette leçon, avertissement ou encouragement, n'est guère ambiguë.

De son côté, la nouvelle suscite plutôt des questions. Au monde rassurant et cohérent du conte, elle oppose une réalité complexe et incertaine. Nulle leçon à tirer : elle se présente comme un fragment de réalité, capable de susciter l'étonnement, la perplexité, l'angoisse ou le rire, plus souvent que l'apaisement. Les trois récits de Flaubert s'apparentent plus, de ce point de vue, à l'ambiguïté suscitée par la nouvelle qu'à la clarté de sens du conte : que penser de l'itinéraire de Félicité ? Difficile de dire si elle est un modèle ou un contre-modèle. Que dire de saint Julien ? Notre surprise est de taille lorsque nous découvrons chez ce futur saint des désirs sadiques et des pulsions de mort...

6. *Un public d'enfants ou d'adultes*

Si les nouvelles ont toujours été composées pour un public adulte, les contes ont longtemps été relégués au rang de littérature pour enfants. Au XVIIe siècle, Charles Perrault a le mérite de mettre le genre du conte à la mode et de montrer son caractère véritablement littéraire. Peut-on dire pour autant qu'il le considère comme s'adressant aux adultes ? Rien n'est moins sûr. On observe en effet des transformations entre certains contes traditionnels et leur transcription par Perrault (et plus tard par les frères Grimm) : toutes vont dans le sens d'un affadissement par l'élimination des éléments qui pourraient choquer des enfants. Les versions orales anciennes du *Petit Chaperon rouge* ou des *Trois Petits Cochons* évoquent la sexualité (le Petit Chaperon se déshabille avant d'entrer dans le lit du loup), et la scatologie (les maisons des cochons sont détruites par la puissance des pets du loup et non par celle de son souffle).

Au XVIIIᵉ siècle, il arrive que le conte soit utilisé comme un instrument pédagogique à destination des enfants ; Marie Leprince de Beaumont compose ainsi en 1756 un recueil pour la jeunesse, *Le Magasin des enfants*, dans un but moralisateur : éloge de l'obéissance, du courage, de la tolérance… Le plus célèbre d'entre eux reste *La Belle et la Bête*, qui invite à dépasser les apparences extérieures pour attacher de l'importance aux qualités personnelles de chacun. Certes, leur statut change progressivement ; le fait que le même siècle voie la naissance du conte philosophique ou libertin le prouve assez. Le conte a conquis progressivement le statut de littérature, non plus réservée « aux vieilles femmes et aux enfants », comme le dit Marthe Robert ; ainsi la boucle est bouclée, lorsqu'on pense qu'à l'origine, dans la tradition orale, il était destiné aux adultes (l'orientation vers le jeune public ne s'opérant qu'à partir du XVIIᵉ siècle).

3.
Le cas de la légende

1. *Conte, légende, et mythe*

Nous avons jusqu'ici passé sous silence le terme « légende », pourtant présent dans l'un des titres de Flaubert, *La Légende de saint Julien l'Hospitalier*.

La légende est un genre littéraire spécifique, qui trouve sa place entre le mythe et le conte ; comme eux, il contient des éléments surnaturels. Mais le conte affiche son invention, il n'est qu'un divertissement et ne suppose pas de croyance de la part de l'auditoire. Quant à la légende et au mythe, ils sont perçus (ou ont été perçus par le passé) comme des récits d'événements véritables.

La différence entre la légende et le mythe est, en quelque sorte, une question d'échelle : à la différence de la légende, qui a une valeur plus « locale », les mythes symbolisent les croyances de toute une communauté et constituent une explication des origines du monde. Mythes et légendes ont donc une valeur fondatrice, à mi-chemin de la fiction et de la religion ; ils légitiment les croyances et les coutumes.

2. *Légende païenne, légende chrétienne*

La légende peut être d'origine païenne ou chrétienne. Le recueil de Flaubert en présente un exemple chrétien, la vie de saint Julien l'Hospitalier, dont on peut retrouver la trame dans le célèbre recueil de vies de saints : *La Légende dorée* de Jacques de Voragine. Cet auteur du XIIIe siècle, qui fut aussi archevêque de Gênes, illustre l'attitude originelle du public à l'égard des légendes ; il était en effet convaincu de la véracité des événements transcrits dans son ouvrage et prétendait faire œuvre d'historien.

La légende entretient donc un rapport spécifique à l'histoire ; elle doit pouvoir être vérifiée, et fait par conséquent référence à un temps, un lieu et des personnages connus. De plus, elle a une dimension exemplaire ; racontant la vie des héros ou des saints, elle est censée influencer — en bien ! — les auditeurs.

Le recueil de Flaubert présente deux vies de saints, Julien et Jean-Baptiste. On pourrait considérer que Félicité complète le triptyque, sans qu'on sache exactement de quel côté la situer : du côté des saints chrétiens ou des héros païens ? Son adoration pour un perroquet, même s'il est assimilé à l'Esprit saint, a de quoi nous rendre perplexes !

Les textes ou les recueils
qui ont marqué l'histoire du récit court
jusqu'au XIXᵉ siècle

1350-1355	Jean Boccace : *Le Décaméron*
~1460	Anonyme : *Cent Nouvelles nouvelles*
1559	Marguerite de Navarre : *L'Heptaméron*
1613	Miguel de Cervantes : *Nouvelles exemplaires*
1665-1675	Jean de La Fontaine : *Contes et Nouvelles*
1697	Charles Perrault : *Histoires ou Contes du temps passé*
1704	Traduction par Antoine Galland des contes arabes *Les Mille et Une Nuits*
1763	Jean-François Marmontel : *Contes moraux*
1759	Voltaire : *Candide ou L'optimisme*
1812-1822	Jacob et Wilhelm Grimm : *Contes*
1832-1837	Honoré de Balzac : *Contes drolatiques*
1835	Hans Christian Andersen : *Contes*
1840	Prosper Mérimée : *Colomba*
1840-1846	Edgar Allan Poe : *Histoires extraordinaires* (traduites par Baudelaire en 1856)
1854	Gérard de Nerval : *Les Filles du feu*
1855	(posthume) Stendhal : *Chroniques italiennes*

1873	Alphonse Daudet : *Contes du lundi*
1874	Jules-Amédée Barbey d'Aurevilly : *Les Diaboliques*
1877	Gustave Flaubert : *Trois Contes*
1883	Philippe-Auguste de Villiers de L'Isle-Adam : *Contes cruels*
1887	Guy de Maupassant : *Le Horla*

Sur le conte

Bernadette BRICOUT : « Conte », *Encyclopaedia Universalis*.

Georges JEAN : *Pouvoir des contes*, Paris, Casterman, 1981.

François MAROTIN (éd.) : *Frontières du conte*, Paris, Éditions du Centre national de la recherche scientifique, 1982.

Vladimir PROPP : *Morphologie du conte*, Paris, Seuil, 1965 et 1970 (Poétique).

Marthe ROBERT : Préface aux *Contes* de Grimm, Paris, Gallimard, 1976 (Folio).

Michèle SIMONSEN : *Le Conte populaire français*, Paris, PUF, 1994 (1981).

Sur la nouvelle

Jean-Pierre AUBRIT : *Le Conte et la nouvelle*, Paris, Armand Colin/Masson, 1997.

Antonia ÉTIEMBLE-FONYI : « Nouvelle », *Encyclopaedia Universalis*.

René GODENNE : *La Nouvelle*, Paris, Honoré Champion, 1995.

Daniel GROJNOWSKI : *Lire la nouvelle*, Paris, Nathan, 2000 (Lettres sup).

Sur la légende

Jacques GOIMARD : « Merveilleux », *Encyclopaedia Universalis*.

Hervé SAVON : Introduction à *La Légende dorée* de Jacques de Voragine, Paris, Garnier-Flammarion, 1967.

4.

Le récit prétend-il être vrai ? du réalisme au merveilleux

Chaque texte littéraire pose la question du rapport qu'il entretient avec la réalité. La représentation du réel prétend-elle être vraie, ou au contraire affiche-t-elle son invention ? Les récits courts ne sont pas étrangers à ces questions : depuis son origine, la nouvelle suggère qu'elle est un récit « vrai », alors que le conte affiche son caractère fictif. La ligne de partage n'est pourtant pas si simple : il arrive que le conte comporte des éléments réalistes et la nouvelle devient, au XIXe siècle, le lieu d'expression du fantastique. Il nous faut donc réfléchir au sens de ces adjectifs qu'on accole aux genres du conte et de la nouvelle : « réaliste », « fantastique » et « merveilleux ».

1. *Récit réaliste*

Un texte réaliste prétend reproduire la réalité avec exactitude ; rien de plus simple à première vue. S'ouvre ici la question de la représentation du réel dans l'œuvre littéraire et de ses conventions ; cette réflexion a traversé toute l'histoire de la littérature dans la mesure où la plupart des courants ont prôné une représentation plus fidèle du réel. Le milieu du XIXᵉ siècle (1840-1860) se singularise pourtant car il voit naître un courant littéraire qualifié précisément de « réaliste ».

Cette génération d'écrivains, à laquelle appartient Flaubert (bien qu'il en refuse l'étiquette), partage l'ambition de « dévoiler » le réel en affichant une volonté de lucidité et en refusant de présenter une image embellie du monde. Les auteurs réalistes se retrouvent sur quelques grands principes d'écriture. Des thèmes d'abord : la prédilection pour des personnages issus de milieux modestes, pour des sujets quotidiens et contemporains, inscrits précisément dans l'histoire ; des modalités d'écriture ensuite, qui passent par le mélange des styles (sérieux et dérision peuvent se mêler dans la même œuvre), par le choix d'une narration « impersonnelle », qui implique que la présence du narrateur ne soit pas perceptible, le récit donnant l'impression de se faire tout seul.

L'intérêt porté aux êtres appartenant aux classes les plus modestes de la société ainsi que l'absence d'une fin morale dans les romans réalistes expliquent sans doute l'évolution de sens du terme « réalisme » : il est aussi utilisé avec un sens péjoratif pour désigner une « tendance à décrire, à représenter les aspects grossiers, vulgaires du réel ». En 1857, un procès s'ouvre contre Flaubert, nous l'avons dit, sous le prétexte que son roman *Madame Bovary* serait d'un « réalisme » qui menacerait la morale...

Si l'histoire du courant réaliste reste liée au genre du roman, elle n'est pourtant pas étrangère au genre du récit court. La nouvelle apparaît comme la représentation d'une parcelle de réalité, comme un cas particulier, un fragment du monde. Des contes mentionnent des « petits faits vrais » qui contribuent à susciter l'effet de réel. Dans *Trois Contes*, on mesure l'importance de la documentation historique effectuée par l'auteur (sur la pratique de la chasse au Moyen Âge dans *Saint Julien*, sur la « gastronomie » antique dans *Hérodias*). Quant à la représentation de la vie quotidienne et contemporaine des basses classes, la vie de Félicité en constitue un modèle.

2. *Récit merveilleux*

À l'opposé du réalisme, qui suppose la représentation d'un monde soumis aux mêmes lois que le nôtre, prend place le merveilleux. Contrairement à ce que suggère son étymologie (« merveille » vient du latin « *mirabilia* » qui désigne des choses étonnantes, admirables), le merveilleux ne suscite pas de véritable étonnement, ni de trouble profond. Si le héros fait la rencontre d'un animal doué de parole, il est établi que, dans l'univers du récit, les animaux peuvent être doués de parole. Le prodige ne détruit pas la cohérence du monde, l'extraordinaire y a pleinement sa place : le surnaturel devient naturel. Les personnages merveilleux (fées ou sorcières, anges ou diables) sont des êtres familiers. Si le merveilleux nous « dépayse », nous transporte dans un univers indéterminé, il n'est pourtant pas source d'étonnement. Le merveilleux n'est pas l'absurde : il n'est pas dépourvu de logique, mais obéit à sa logique propre, la nature y est soumise à des règles, certes nouvelles, mais néanmoins strictes. C'est ce qui explique qu'on puisse voir dans la science-fiction une incarnation moderne du merveilleux. Les récits d'anticipation (littéraires comme chez Jules Verne ou cinématographiques chez G. Lucas ou S. Spielberg) partent d'un équivalent du : « Il était une fois » ; « Il sera une fois ».

On a souvent opposé les publics respectifs du merveilleux et du fantastique : l'un serait destiné aux enfants, l'autre aux adultes. On peut comprendre les raisons de cette répartition : le merveilleux n'est pas subversif, il n'inquiète pas. Bien au contraire, il est une source de satisfaction constante, alors que le fantastique exerce une sorte de violence sur le lecteur : il le force à s'interroger. Pourtant, la séduction du merveilleux s'exerce bien au-delà du public enfantin et le plaisir qu'il procure vient sans doute de la force des oppositions qu'il met en scène ; tout est absolu dans le merveilleux. Le monde, constamment hyperbolique, n'y connaît ni la nuance ni la mesure, et les personnages qu'il met en scène sont par conséquent soit parfaits, soit affreux.

Au XIXe siècle, les auteurs semblent pourtant ne plus se contenter du merveilleux : c'est l'avènement du fantastique, autre modalité de représentation du surnaturel. On a pu s'inquiéter de la survie du merveilleux ; un temps éclipsé, il n'en subsiste pas moins et continue, de Lewis Carroll à Tolkien, à exprimer toute la puissance de l'imaginaire et des rêves.

3. *Récit fantastique : les théoriciens cherchent une grille de lecture*

Le réalisme ne s'oppose pas radicalement à l'intrusion d'éléments surnaturels dans l'œuvre ; on pourrait même dire que, contrairement aux apparences, récit réaliste et récit fantastique s'associent étroitement : pour naître, le fantastique réclame un cadre réaliste. Selon Pierre-Georges Castex, le fantastique s'oppose au merveilleux dans la mesure où il ne dépayse pas l'esprit : le surnaturel survient dans le cadre de la vie réelle, il introduit le mystère dans un monde qui est nôtre. Roger Caillois confirme et parle d'« une rupture de l'ordre reconnu » de la vie quotidienne.

Il revient à Tzvetan Todorov d'avoir affiné la définition en s'intéressant aux réactions que suscite cet événement inexplicable. Deux possibilités s'offrent au personnage (ou au lecteur) : ou bien il considère que ce phénomène mystérieux est un produit de son imagination, ou bien il estime que l'événement a réellement eu lieu. L'incertitude, l'hésitation entre ces deux positions est précisément la marque du fantastique. Si l'on pense que l'événement est imaginaire, le texte demeure dans le domaine de l'étrange ; si l'on finit par affirmer qu'il s'est réellement produit, on entre dans le royaume du merveilleux. Le récit fantastique connaît un formidable succès au XIXe siècle ; or, son fonctionnement si fragile, qui demande pour exister que soit maintenue une hésitation, fait que c'est précisément dans le récit court, nouvelle ou conte, qu'il trouve son expression la plus parfaite.

Sur le merveilleux, le fantastique, le réalisme

R. BOZZETO et G. PONNAU : « Merveilleux », *Dictionnaire universel des littératures*, Paris, PUF, 1994, Béatrice DIDIER (éd.).

Roger CAILLOIS et Jean-Claude ROMER : « Fantastique », *Encyclopaedia Universalis*.

Pierre-Georges CASTEX : *Le Conte fantastique en France, de Nodier à Maupassant*, Paris, J. Corti, 1951.

Roger CAILLOIS : *Au cœur du fantastique*, Paris, Gallimard, 1965.

Guy LARROUX : *Le Réalisme, éléments de critique, d'histoire et de poétique*, Paris, Nathan, 1995.

Pierre MABILLE : *Le Miroir du merveilleux*, Paris, Minuit, 1962.

Tzvetan TODOROV : *Introduction à la littérature fantastique*, Paris, Seuil, 1970.

Groupement de textes thématique

Des animaux et des hommes

LES CONTES DE Flaubert mettent en scène plusieurs « couples » homme-animal. Tantôt c'est l'attachement de l'homme pour l'animal qui s'exprime : Félicité trouve l'ultime objet de son affection « presque un fils, un amoureux », dans le perroquet Loulou ; Hérode cache jalousement ses somptueux chevaux blancs dans une pièce secrète. Tantôt, l'homme choisit d'agresser l'animal : on pense évidemment à Julien, qui prend un plaisir sadique à tuer toutes les bêtes qui se trouvent sur son passage, de l'innocente souris de l'église jusqu'aux animaux sauvages de la forêt.

Les textes utilisent l'animal comme un révélateur de la nature humaine ; loin de se distinguer du monde animal, l'homme paraît parfois le plus bestial des deux, c'est en tout cas le sentiment que provoque la scène de confrontation entre le cerf noir et Julien : le chasseur se comporte comme une bête brute, tandis que le cerf blessé « bram[e] d'une voix profonde, déchirante, humaine » et se met ensuite à parler pour prononcer sa malédiction. Le trouble entre monde humain et animal passe d'ailleurs par tous les états de la parole : parole merveilleuse du cerf et parole naturelle du perroquet s'opposent aux hurlements sauvages du saint aux allures de bête, ce Jean-Baptiste, qui porte « de longs cheveux se confondant avec les poils de bête qui garniss[ent] son dos » et qui revendique avec impudence son comportement animal : « Je crierai comme un ours, comme un âne sauvage […]. » Voilà qui nous invite à observer ce que les textes nous disent des rapports des animaux et des hommes : ils se déploient selon des modalités variées : depuis le voisinage le plus innocent jusqu'à la plus inquiétante confusion. Et l'on découvre que l'animal n'est pas toujours celui qu'on croit.

1. *Quand on voit l'animal avec l'œil du poète*

Le regard posé sur l'animal peut être un révélateur de sensibilité et de poésie ; Blaise Cendrars en donne un exemple exotique dans *Le Lotissement du ciel* (1949). Revenant en France après un séjour au Brésil, il laisse libre cours à son imagination et à sa fantaisie lors de la description d'un oiseau tropical : le « sept-couleurs », animal merveilleux, qui porte, « piquées dans son justaucorps noir, une paire de toutes les plumes distinctives qui font l'orgueil et la coquetterie de tous les autres oiseaux du monde ». Plus que son plumage, le narrateur se passionne pour « sa voix, son cri ».

Blaise CENDRARS (1887-1963)

Le Lotissement du ciel (1949)

(Folio n° 2795)

Je dis sa voix, je dis son cri et je n'ose dire son chant, car comment définir le ramage du sept-couleurs qui une fois qu'on l'a perçu se transforme instantanément en le plus stupéfiant jouet de bazar qui soit. On n'a pas besoin de le remonter pour l'animer. Quand l'oiseau est pressé de faire ses vocalises il se précipite sur le sol, se vautre dans la poussière, est pris de danse de Saint-Guy, ce qui le fait pivoter deux ou trois fois sur soi battant des ailes semi-rigides, puis il se renverse la tête sur le dos, ouvre un large bec et comme en extase laisse jaillir de sa gorge qui se gonfle et qui palpite sous l'effort un renâclement, un gargarisme, un siffle-ment de soupape engorgée qui lâche la vapeur, et retentit soudain le coup de sifflet strident d'une locomotive lancée à toute vitesse, coup de sifflet qui s'étrangle, accompagné de bruits de poitrine, et l'extase du sept-couleurs s'achève selon le degré de résistance des cordes vocales et les capacités de l'individu soit en une longue cascade de rires, soit en un râle déchirant, soit en une suite de san-glots. C'est d'un effet du plus haut comique. Alors l'oiseau, extasié, revient à soi, se secoue et s'en-vole, mais tant qu'il se pâme on peut lui mettre la main dessus et le capter.

2. *Quand la bestialité de l'homme se révèle*

Italo Calvino dans *Le Vicomte pourfendu* propose un apologue sur la nature humaine. Le personnage de Médard, coupé en deux moitiés par un obus, l'une bonne, l'autre mauvaise, nous rappelle notre nature « hybride ». La mauvaise partie du Vicomte entretient un singulier rapport avec les animaux, qui peut rappeler les carnages commis par saint Julien l'Hospitalier… Dans cet extrait, Paméla, une jeune bergère, découvre le désir du Vicomte à son égard par les indices qu'il laisse sur son passage :

Italo CALVINO (1923-1985)

Le Vicomte pourfendu (1952)

(trad. J. Bertrand, Biblio n° 3004,
Le Livre de Poche)

Sur le seuil, Paméla s'arrêta. Il s'y trouvait un papillon mort. On lui avait écrasé sous une pierre une aile et la moitié du corps. Paméla poussa un cri aigu et elle appela son père et sa mère.

« Qui est venu ici ? demanda Paméla.

— Notre vicomte est venu il y a un moment, dirent le père et la mère. Il a dit qu'il poursuivait un papillon qui l'avait piqué.

— Quand les papillons ont-ils jamais piqué quelqu'un ? dit Paméla.

— Bah ! Nous nous le demandons aussi.

— La vérité, dit Paméla, c'est que le vicomte est amoureux de moi et que nous devons nous attendre au pire.

— Hou ! Hou ! Ne te monte pas la tête. N'exagère rien », lui répondirent les vieux, comme toujours ils le font quand ce ne sont pas les jeunes qui leur répondent ainsi.

Le lendemain, lorsqu'elle arriva à la pierre sur laquelle elle avait l'habitude de s'asseoir quand elle gardait ses chèvres, Paméla poussa un hurlement. La pierre était souillée d'horribles restes.

C'étaient une moitié de chauve-souris et une moitié de méduse, l'une suintant du sang noir, l'autre une matière visqueuse, l'une l'aile étendue, l'autre étalant des molles franges gélatineuses. La bergerette comprit que c'était un message. Cela voulait dire : rendez-vous ce soir au bord de la mer. Paméla s'exhorta au courage et s'y rendit.

Au bord de la mer, elle s'assit sur les galets en écoutant le bruit des vagues blanches. Un piétinement sur les galets, Médard galopait sur le rivage. Il s'arrêta, se décrocha, descendit de sa selle.

« Moi, Paméla, j'ai décidé d'être amoureux de toi, lui dit-il.

— C'est pour cela, s'insurgea-t-elle, que vous martyrisez toutes les créatures de la nature ?

— Paméla, soupira le vicomte, nous n'avons aucun autre langage pour nous parler, en dehors de celui-là. Toute rencontre de deux êtres dans le monde les fait se déchirer. »

3. *Quand les limites s'estompent... dans l'innocence*

Dans ses *Fables* (1668), La Fontaine nous explique qu'il se sert d'animaux « pour instruire les hommes » : la présence animale y est allégorique et réjouissante, pour ce qu'elle apporte d'expressivité au texte, et surtout à la morale. Rien ne semble devoir nous surprendre dans l'univers des fables : nous nous y retrouvons tout à fait, et peut-être même un peu trop nettement à notre goût ! « Le Cheval et l'Âne » nous présente une vigoureuse satire de notre orgueil et de notre égoïsme.

Jean de LA FONTAINE (1621-1695)

« Le Cheval et l'Âne » (1668)

Fables, livre VI

(Folio classique n° 2246)

En ce monde il se faut l'un l'autre secourir.
     Si ton voisin vient à mourir,
     C'est sur toi que le fardeau tombe.
Un Âne accompagnait un Cheval peu courtois,
Celui-ci ne portant que son simple harnois,
Et le pauvre Baudet si chargé qu'il succombe.
Il pria le Cheval de l'aider quelque peu :
Autrement il mourrait devant qu'être à la ville.
La prière, dit-il, n'en est pas incivile :
Moitié de ce fardeau ne vous sera que jeu.
Le Cheval refusa, fit une pétarade :
Tant qu'il vit sous le faix mourir son camarade,
     Et reconnut qu'il avait tort.
     Du Baudet, en cette aventure,
     On lui fit porter la voiture,
     Et la peau par-dessus encor.

4. *Quand les limites s'estompent... dans l'angoisse*

La disparition de la frontière entre l'homme et l'animal peut en revanche être source de malaise, lorsqu'elle s'accompagne d'un réalisme cru. *La Métamorphose* (1916) de Kafka, qui relate la transformation soudaine de Gregor en cancrelat, joue sur ce trouble. La violence de la métamorphose vient à la fois des réactions d'horreur qu'elle suscite dans l'entourage de Gregor et du fait qu'elle le prive de sa parole, de la possibilité d'échanger avec les autres hommes.

Franz KAFKA (1883-1924)

La Métamorphose (1915)

(trad. C. David, Folio classique n° 3374)

Un jour — il pouvait s'être écoulé un mois depuis la métamorphose de Gregor et sa sœur n'avait donc plus grand motif de s'étonner de son aspect —, elle arriva un jour plus tôt qu'à l'ordinaire, elle trouva Gregor en train de regarder par la fenêtre ; il était dressé de tout son haut, immobile, dans une position bien faite pour inspirer la terreur. Gregor ne se serait pas étonné si elle n'était pas entrée, car il l'empêchait par sa position d'ouvrir tout de suite la fenêtre ; mais elle ne se contenta pas de ne pas entrer, elle recula épouvantée et ferma la porte à clef ; un étranger aurait vraiment pu penser que Gregor s'était mis à l'affût pour la mordre. Il alla naturellement se cacher aussitôt sous le canapé, mais il fallut attendre midi avant que sa sœur ne revînt, l'air beaucoup plus inquiet qu'à l'ordinaire. Il en conclut que son aspect n'avait pas cessé de lui inspirer de la répugnance, qu'il en serait encore ainsi à l'avenir et que, dès que la plus petite partie de son corps dépassait du canapé, elle devait se faire violence pour ne pas immédiatement prendre la fuite. Afin de lui épargner ce spectacle, il prit un jour le drap de lit, le tira sur son dos jusque sur le canapé — ce qui lui demanda quatre bonnes heures de travail — et le disposa de manière à être entièrement couvert, afin que sa sœur ne pût plus rien voir, même en se baissant.

Groupement de textes stylistique

Une technique d'écriture :
portraits de saints

LORSQU'ON RÉFLÉCHIT à l'unité du recueil *Trois Contes*, un motif apparaît rapidement : celui de la sainteté. Ce point commun a été évidemment pensé par Flaubert, qui en parle de manière ironique dans une lettre à Mme Roger des Genettes, datée du 19 juin 1876 : « Après saint Antoine, saint Julien, et ensuite saint Jean-Baptiste, je ne sors pas des saints. » Ses contes nous présentent en effet deux figures connues de la religion chrétienne, auxquelles s'ajoute le récit d'une vie laïque, celle de Félicité. Leur sainteté a des visages très contrastés : on trouve parmi eux un saint « peu recommandable » : Julien le cruel, le parricide ; un saint aux allures sauvages : Jean-Baptiste ; et une femme dont on ne saurait dire si elle est une sainte ou une simple d'esprit : Félicité.

À l'origine, les récits de vies de saints ont une valeur exemplaire : raconter ces parcours édifiants revient à les donner en modèles. On sait en général peu de chose de l'aspect physique du saint : seules ses actions importent. *La Légende de saint Julien l'Hospitalier* respecte en cela l'esprit des vies de saints : Flaubert se garde bien de décrire le visage de Julien.

Un cœur simple opère un changement par rapport à cette habitude et donne le sentiment que puisque la « sainte » est inconnue, il est nécessaire de l'individualiser. À la fin de la première section, on lit un portrait de Félicité : « En toute saison elle portait un mouchoir d'indienne fixé dans le dos par une épingle, un bonnet lui cachant les cheveux, des bas gris, un jupon rouge [...]. Son visage était maigre et sa voix aiguë. À vingt-cinq ans, on lui en donnait quarante. Dès la cinquantaine, elle ne marqua plus aucun âge [...]. » Pour l'anecdote, ajoutons que Flaubert fit lui-même le choix de son saint patron : saint Polycarpe. Étrange choix, qui s'explique par la réputation de cet évêque connu pour ses critiques à l'égard de son époque. Voilà qui donne une idée du tempérament de Flaubert...

Le statut de saint s'acquiert difficilement aujourd'hui... Comme Félicité, les personnages présentés comme des « saints » dans ces textes ne sont pas canonisés. Leur « sainteté » leur est attribuée par leurs proches : le regard posé sur eux vaut canonisation, et l'on s'aperçoit que ces « portraits de saints » s'écartent sensiblement de l'image traditionnelle que l'on peut en avoir... Soyons attentifs à celles de ces descriptions qui sont faites par la bouche (ou les yeux) d'un proche : tout leur attachement, parfois non dénué d'une tendre moquerie, s'y exprime.

1. *Les simples*

Le saint est bon et pur, cela semble être le minimum. Il arrive que ces caractéristiques positives soient présentées avec une nuance critique : bonté rime avec simplicité et ignorance chez Flaubert ; avec faiblesse, voire avec folie chez Dostoïevski. Son roman *L'Idiot* (1869) met en scène un prince empli d'amour pour l'humanité, d'un désir universel de sacrifice, mais atteint d'une inquiétante faiblesse qui paralyse chez lui toute initiative. Cette disposition d'esprit transparaît dans la description qui est faite de lui.

Fédor DOSTOÏEVSKI (1821-1881)

L'Idiot (1868)

(trad. A. Mousset, Folio classique n° 2656)

Le propriétaire de cette houppelande était également un jeune homme de vingt-six ans à vingt-sept ans. Sa taille était un peu au-dessus de la moyenne, sa chevelure épaisse et d'un blond fade ; il avait les joues creuses et une barbiche en pointe tellement claire qu'elle paraissait blanche. Ses yeux étaient grands et bleus ; la fixité de leur expression avait quelque chose de doux mais d'inquiétant et leur étrange reflet eût révélé un épileptique à certains observateurs. Au surplus, le visage était agréable, les traits ne manquaient point de finesse, mais le teint semblait décoloré et même, en ce moment, bleui par le froid. Il tenait un petit baluchon, enveloppé dans un foulard de couleur défraîchie, qui constituait vraisemblablement tout son bagage. Il était chaussé de souliers à double semelle et portait des guêtres, ce qui n'est guère de mode en Russie.

2. *Les mystiques*

Dans *Le Rêve* (1888) de Zola, la jeune Angélique, au nom éminemment symbolique, se prend de passion pour les vies de saints racontées dans *La Légende dorée* de Jacques de Voragine. Sa chambre donne sur la cathédrale et, comme par contagion, une ferveur mystique s'empare peu à peu d'elle. Pleine de vie au moment de cette description, elle devient dans la suite du roman blanche, faible et diaphane au point de mourir d'épuisement le jour de ses noces, dans une sorte d'extase.

Émile ZOLA (1840-1902)

Le Rêve (1888)

(Folio classique n° 1746)

À quinze ans, Angélique fut ainsi une adorable fille. Certes, ni la vie cloîtrée et travailleuse, ni l'ombre douce de la cathédrale, ni la Légende aux belles saintes, n'avaient fait d'elle un ange, une créature d'absolue perfection. Toujours des fougues l'emportaient, des fautes se déclaraient, par des échappées imprévues, dans des coins d'âme qu'on avait négligé de murer. Mais elle se montrait si honteuse alors, elle aurait tant voulu être parfaite ! et elle était si humaine, si vivante, si ignorante et pure au fond ! [...] Ses yeux couleur de violette s'étaient encore adoucis, sa bouche s'entrouvrait, découvrait les petites dents blanches, dans l'ovale allongé du visage, que les cheveux blonds, d'une légèreté de lumière, nimbaient d'or. Elle avait grandi, sans devenir fluette, le cou et les épaules toujours d'une grâce fière, la gorge ronde, la taille souple ; et gaie, et saine, une beauté rare, d'un charme infini, où fleurissaient la chair innocente et l'âme chaste.

3. *Les inattendus*

Mme Rosa, personnage de *La Vie devant soi* (1975) de Romain Gary, est considérée comme une sainte par son petit protégé, Momo. Ancienne prostituée devenue garde d'enfants, Mme Rosa offre avec générosité amour, paires de claques et leçons de vie à ses petits pensionnaires. Toutes les religions se côtoient dans le petit appartement de Mme Rosa ; Momo, élevé dans la religion musulmane, affirme au sujet de sa mère d'adoption : « Je peux dire ça à la décharge de Madame Rosa comme Juive, c'était une sainte femme. » Observons le portrait que fait Momo de cette « sainte » vieillissante et peu conventionnelle.

Romain GARY (1914-1980)

La Vie devant soi (1975)

(La bibliothèque Gallimard n° 102)

Madame Rosa avait des cheveux gris qui tombaient eux aussi parce qu'ils n'y tenaient plus tellement. Elle avait très peur de devenir chauve, c'est une chose terrible pour une femme qui n'a plus grand-chose d'autre. Elle avait plus de fesses et de seins que n'importe qui et quand elle se regardait dans le miroir elle se faisait de grands sourires, comme si elle cherchait à se plaire. Dimanche elle s'habillait des pieds à la tête, mettait sa perruque rousse et allait s'asseoir dans le square Beaulieu et restait là pendant plusieurs heures avec élégance. Elle se maquillait plusieurs fois par jour mais qu'est-ce que vous voulez y faire. Avec la perruque et le maquillage ça se voyait moins et elle mettait toujours des fleurs dans l'appartement pour que ce soit plus joli autour d'elle.

4. *Les morts trop jeunes...*

La « sainteté » d'un personnage s'explique souvent par le regard de celui qui l'observe : l'éloignement pare l'être aimé de toutes les qualités. Chateaubriand, dans ses *Mémoires d'outre-tombe* (1850), dresse le portrait de sa sœur Lucile. Seul être jeune à vivre auprès de lui dans le château familial, à lui ressembler par sa sensibilité exacerbée, Lucile est le personnage le plus proche de l'auteur. Sa mort reste mystérieuse et l'on peut penser que ce portrait est influencé par la connaissance du destin de la jeune femme.

François René de CHATEAUBRIAND (1768-1848)

Mémoires d'outre-tombe (1850)

(coll. Quarto Gallimard)

Lucile était grande et d'une beauté remarquable, mais sérieuse. Son visage pâle était accompagné de longs cheveux noirs ; elle attachait souvent au ciel ou promenait autour d'elle des regards pleins de tristesse ou de feu. Sa démarche, sa voix, son sourire, sa physionomie avaient quelque chose de rêveur et de souffrant.
Lucile et moi nous nous étions inutiles. Quand nous parlions du monde, c'était de celui que nous portions au-dedans de nous et qui ressemblait bien peu au monde véritable. Elle voyait en moi son protecteur, je voyais en elle mon amie. Il lui prenait des accès de pensées noires que j'avais peine à dissiper : à dix-sept ans, elle déplorait la perte de

ses jeunes années ; elle se voulait ensevelir dans un cloître. Tout lui était souci, chagrin, blessure : une expression qu'elle cherchait, une chimère qu'elle s'était faite, la tourmentaient des mois entiers. Je l'ai souvent vue, un bras jeté sur sa tête, rêver immobile et inanimée ; retirée vers son cœur, sa vie cessait de paraître au-dehors ; son sein même ne se soulevait plus. Par son attitude, sa mélancolie, sa vénusté, elle ressemblait à un Génie funèbre. J'essayais alors de la consoler, et l'instant d'après je m'abîmais dans des désespoirs inexplicables.

5. ...Ou plus âgés

Albert Cohen, dans un livre hommage à sa mère morte, *Le Livre de ma mère* (1954), en fait une sainte : « Je la revois, si humble, ma sainte. » Un mélange de tendresse et de conscience du ridicule caractérise cette description.

Albert COHEN (1895-1981)

Le Livre de ma mère (1954)

(Folio plus classiques n° 45)

En ce dimanche, ma mère et moi nous étions ridiculement bien habillés et je considère avec pitié ces deux naïfs d'antan, si inutilement bien habillés, car personne n'était avec eux, personne ne se préoccupait d'eux. Ils s'habillaient bien pour personne. Moi, en inopportun costume de petit prince et avec un visage de fille, angélique et ravi à me faire lapider. Elle, reine de Saba déguisée en bourgeoise, corsetée, émue et un peu égarée d'être luxueuse. Je revois ses longs gants de dentelle noire, son corsage à ruches avec des plissés, des bouillons et des fronces, sa voilette, son boa de plumes, son éventail, sa longue jupe à taille de guêpe et à volants qu'elle soutenait de la main et qui découvrait des bottines à boutons de nacre avec un petit rond de métal au milieu. Bref, pour cette promenade dominicale, on s'habillait comme des chanteurs d'après-midi mondaine et il ne nous manquait que le rouleau de musique à la main.

Chronologie

Flaubert et son temps

LE XIXe SIÈCLE est marqué par des changements de régimes nombreux : il voit se succéder
la Ire République (1792-1794), l'Empire (1804-
1814), des monarchies constitutionnelles (Restauration et monarchie de Juillet), la IIe République,
le second Empire et, enfin, la IIIe République.
Flaubert a assisté à un certain nombre d'événements d'importance historique (l'émeute du 23 février 1848, l'entrée des Allemands dans Paris en
janvier 1871). Essayons de comprendre les étapes
essentielles de ce déroulement.

La Restauration (1814-1830)
et la monarchie de Juillet (1830-1848) :
Louis XVIII - Charles X - Louis-Philippe

Après la période du premier Empire (Napoléon Ier,
1804-1814), la France adopte un régime de monarchie constitutionnelle ; la Constitution est appelée la
« Charte ». Louis XVIII monte sur le trône en 1814
et règne jusqu'en 1824 ; Charles X lui succède
jusqu'en 1830. Le gouvernement est autoritaire :
en 1822, une loi limite la liberté de la presse, une
autre punit de mort la profanation des hosties. L'opposition réagit fortement à ces mesures. Les 27, 28 et

29 juillet 1830, en réaction au comportement de Charles X, qui bafoue les libertés politiques, le peuple de
Paris se soulève. Ces trois journées, qui constituent la
révolution de Juillet, sont appelées les Trois Glorieuses. Charles X doit abandonner le pouvoir.
C'est le duc d'Orléans qui devient roi des Français,
sous le nom de Louis-Philippe Ier. Il adopte le drapeau
tricolore, et conserve la Charte de 1814, avec quelques modifications. Le gouvernement, dirigé par Gui-
zot, refuse les réformes demandées par l'opposition.
De plus, le pays connaît une grave crise économique.
Des manifestations sont organisées sous la forme de
banquets. Le 22 février 1848, des incidents éclatent ;
le 23, plusieurs manifestants sont tués par des soldats,
et Paris entre à nouveau en révolution.

1.

De la jeunesse normande... (1821-1839)

La vie de Flaubert est étroitement liée à la
Normandie. En 1812, le (futur) père de Gustave
Flaubert, chirurgien, épouse la fille d'un médecin
normand. Ils habitent à Rouen et ont un premier fils
en 1813. Huit ans plus tard, en décembre **1821**,
Mme Flaubert, après avoir perdu plusieurs enfants
en bas âge, accouche de Gustave. En 1824 naît Caroline, sœur de Gustave. Une jeune femme entre alors
au service de la famille Flaubert, Julie ; elle sera le
modèle de Félicité dans *Un cœur simple.*
   En **1832**, Flaubert entre au collège de Rouen ; il
y découvre l'art médiéval avec son professeur d'arts
plastiques, E. H. Langlois, qui édite cette année-là
un *Essai historique et descriptif sur la peinture sur verre*

ancienne et moderne et sur les vitraux les plus remarquables. On trouve dans cet ouvrage la description de la verrière de la Cathédrale de Rouen, consacrée à saint Julien ; elle est une des sources de *La Légende de saint Julien l'Hospitalier.* Entre quinze et dix-huit ans, Flaubert écrit de nombreux récits courts, contes ou nouvelles : *Rage et impuissance, Un parfum à sentir...* En vacances à Trouville, il tombe amoureux d'une femme mariée, Mme Schlésinger ; elle sera le modèle de Mme Arnoux, personnage de son roman *L'Éducation sentimentale.*

2.
... au départ avorté pour Paris (1840-1845)

En août **1840**, il est reçu bachelier et s'inscrit en faculté de droit, à Paris. Parallèlement à ses études, il continue à écrire ; en **1842**, il compose *Novembre.* À Paris, il rencontre Victor Hugo, fréquente le couple Schlésinger et commence la première *Éducation sentimentale* qu'il achève deux ans plus tard.

Mais il échoue à son examen de droit et des problèmes de santé l'obligent même à arrêter ses études ; on découvre en effet en **1844** qu'il souffre d'une maladie nerveuse (l'épilepsie sans doute). Il doit habiter désormais à Croisset, propriété récemment acquise par son père. S'il n'habite pas Paris, il y fait néanmoins, à partir de cette époque, des séjours réguliers et y entretient des relations nombreuses.

3.

Relations familiales, amicales, amoureuses (1845-1848)

À vingt-cinq ans, Gustave Flaubert connaît déjà ses trois « meilleurs amis » : Maxime Du Camp, Alfred Le Poittevin, Louis Bouilhet, qui tous se rêvent plus ou moins écrivains. Ces amitiés dureront toute sa vie, entrecoupées, bien sûr, de brouilles et de retrouvailles. 1846 est une année importante dans l'histoire familiale : Flaubert perd son père et sa sœur, morte après avoir accouché de sa fille Caroline. Il décide donc d'habiter avec sa mère et de se charger de sa nièce. Il entame une relation amoureuse mouvementée avec Louise Colet, dont témoigne sa correspondance.

En février, Flaubert assiste de près à l'événement déclencheur de la révolution de **1848** contre la monarchie de Juillet, l'émeute du 23 février ; le lendemain, il voit les insurgés menacer les Tuileries.

La IIe République (1848-1851)

Les 22, 23, 24 février 1848, la révolution aboutit à l'abdication de Louis-Philippe et à l'instauration de la IIe République. La Constitution institue des mesures sociales : l'abolition de l'esclavage dans les colonies, la proclamation du droit au travail et de la liberté de la presse. Pourtant, la crise économique persistante est source d'émeutes.

Lors de l'élection présidentielle du 10 décembre 1848, le parti de l'Ordre, effrayé par l'agitation politique révolutionnaire, vote pour Louis Napoléon Bonaparte. Ce dernier s'efforce de limiter l'influence des républicains, fait voter en 1850 une nouvelle loi électorale (privant beaucoup d'ouvriers de la possibilité de voter), et une loi sur l'enseignement, la loi « Falloux », qui donne au clergé un droit de contrôle sur les écoles publiques. Mais la Constitution interdit à Louis Napoléon Bonaparte de se représenter à la présidence de la République après la fin de son mandat.

Le 2 décembre 1851, il décide de provoquer un coup d'État afin de conserver le pouvoir. Il fait arrêter les hommes politiques influents (Thiers, Cavaignac), réprime dans le sang la résistance des républicains, condamne tous les suspects à être déportés au bagne de Cayenne et expulse des députés (dont Victor Hugo). Il organise ensuite un plébiscite : la France approuve son action et accepte sa nouvelle Constitution, en janvier 1852. Or, cette Constitution donne des pouvoirs dictatoriaux au président de la République.

4.

« Il voyagea... » (1849-1851)

Flaubert rompt avec sa maîtresse et décide de réaliser un long voyage en Orient. Avant de partir, il termine *La Tentation de saint Antoine*, œuvre que ses amis dénigrent et lui conseillent d'abandonner. Son voyage dure moins de deux ans (**fin 1849-début 1851**) et le fait passer notamment par l'Égypte, la Syrie, le Liban, la Turquie, la Grèce, et l'Italie.

À son retour, il renoue avec Louise Colet avant de rompre définitivement trois ans plus tard. Il est à Paris le jour du coup d'État de Louis Napoléon Bonaparte, le **2 décembre 1851** qui voit l'instauration du second Empire.

Le Second Empire (1852-1870) : Napoléon III

En novembre 1852, par un nouveau plébiscite, la France accepte que Louis Napoléon soit proclamé empereur des Français, sous le nom de Napoléon III. De 1852 à 1860, l'Empire exerce un pouvoir autoritaire. Victor Hugo écrit *Les Châtiments* en 1853 pour critiquer celui qu'il appelle « Napoléon le Petit ». À partir de 1859, ce régime autoritaire se détend progressivement. L'opposition progresse et Napoléon III doit concéder certaines libertés au peuple (la liberté de réunion en 1868). En mai 1870, un nouveau plébiscite montre que les Français approuvent ces réformes libérales.

Le second Empire correspond à une période d'essor économique, de progrès techniques, et de changements sociaux (la classe ouvrière s'organise progressivement, le droit de grève lui est accordé, les syndicats sont tolérés). Paris change de visage : les premiers grands magasins apparaissent (Printemps, Samaritaine), la capitale se transforme : de larges boulevards sont percés sur l'ordre du préfet Haussmann.

Sur le plan politique, les relations sont tendues entre la France et la Prusse. Napoléon III, après avoir laissé Bismarck étendre les limites de la Prusse, attend quelques compensations en retour. Devant l'échec de ses demandes et en raison d'incidents diplomatiques, la France déclare la guerre à la Prusse, le 19 juillet 1870. Elle connaît très rapidement d'importantes défaites militaires et, le 2 septembre, Napoléon III est contraint de capituler à Sedan.

5.

Succès et scandales littéraires
(1852-1869)

Flaubert reprend l'activité littéraire avec plus d'ardeur que jamais en **1852** et l'idée lui vient du *Dictionnaire des idées reçues* ; il commence *Madame Bovary* qu'il met cinq ans à achever : le roman paraît en revue durant l'année **1856** et connaît le succès. Par la suite, il reprend des projets anciens : *La Tentation de saint Antoine* qu'il désire modifier, *La Légende de saint Julien l'Hospitalier* dont l'idée se précise progressivement. Mais un procès s'ouvre contre *Madame Bovary* durant l'année **1857**, car l'œuvre est accusée d'atteinte à la moralité et à la religion. Flaubert organise sa défense et il est finalement acquitté : l'œuvre peut alors paraître en volume chez l'éditeur Lévy. Dès **1858**, il a l'idée de *Salammbô* et décide de retourner en Tunisie pour préparer ce roman, qu'il achève quatre ans plus tard, en **1862**. Comme à chaque publication d'une œuvre, Flaubert commence à penser à la suivante : il s'agit cette fois de *L'Éducation sentimentale*. Il y travaille activement, se documente de manière rigoureuse (en visitant le cimetière du Père-Lachaise, la ville et la forêt de Fontainebleau, ou l'hôpital Sainte-Eugénie pour y voir des malades). À cette époque, ses relations s'étendent : il fréquente le prince Napoléon, la princesse Mathilde, il est l'ami de George Sand, de Tourgueniev, des frères Goncourt, de Maupassant, de Théophile Gautier. En **1869**, toujours chez l'éditeur Lévy, paraît *L'Éducation sentimentale*, très critiquée par la presse, boudée par le public.

La IIIe République (1870-1940)

Le 4 septembre 1870, le régime impérial s'effondre, la République est instaurée, et on crée un gouvernement de Défense nationale présidé par le général Trochu. Paris est assiégé et la France doit demander l'armistice. À Versailles, l'Empire allemand est proclamé, et la France perd l'Alsace et le nord de la Lorraine. Le gouvernement de Défense nationale étant provisoire, la France entre alors dans une période de crise autour de la question de son régime politique. Thiers est officiellement président, mais l'existence de la République reste précaire durant plusieurs années : en 1871, une insurrection populaire parisienne, « la Commune », est réprimée dans le sang ; en 1873, la République est mise en danger par une tentative de restauration de la monarchie. Thiers doit démissionner ; Mac-Mahon devient président et institue la période de « l'Ordre moral » qui favorise l'action du clergé et les campagnes antirépublicaines. En 1874, les élections municipales montrent pourtant que le parti républicain domine. En 1875, des lois constitutionnelles sont votées, qui stabilisent la République. Mac-Mahon doit démissionner et Jules Grévy est élu en 1879. À cette époque, une nouvelle crise économique s'annonce (notamment dans le domaine agricole), alors que la France a connu un relèvement rapide depuis la guerre de 1870.

La République adopte ses symboles : en 1879, *La Marseillaise* devient l'hymne national, en 1880, la République « fête » pour la première fois le 14 juillet. Jules Ferry, ministre de l'Instruction publique, applique en 1881 le programme républicain : l'école devient gratuite, obligatoire (de 6 à 13 ans) et laïque.

6.

Temps difficiles (1870-1875)

1870 est l'année de la guerre franco-allemande. En ces temps difficiles, l'auteur doit faire face à des difficultés financières tout en hébergeant à Croisset plusieurs membres de sa famille ainsi que des Allemands. En **janvier 1871**, Flaubert assiste à l'entrée des Allemands dans la capitale. L'année suivante, il perd sa mère, dont il est très proche et dont il s'est beaucoup occupé. Même l'écriture est source d'insatisfaction : il a certes fini de retravailler *La Tentation de saint Antoine* mais, fâché avec son éditeur, refuse de le faire paraître. Il lui faut attendre **1873** pour entamer une collaboration avec un nouvel éditeur, Charpentier, qui lui achète ses anciens romans. Il reprend alors son rythme de création, une œuvre s'achève, une œuvre commence : l'idée lui vient d'un nouveau roman, *Bouvard et Pécuchet.*

1874 marque le début d'une période fort sombre : il connaît un échec auprès du public (sa pièce, *Le Candidat,* n'a aucun succès) ; il a des problèmes de santé qui l'obligent à faire un séjour en Suisse. À son retour, il affronte les graves problèmes financiers du mari de sa nièce Caroline. Pour sauver ce dernier de la faillite, il vend la plus grande partie de ses biens. Ce geste le condamne à se débattre, pour le reste de son existence, dans les difficultés financières. Enfin, son activité d'écriture est plus éprouvante que jamais : alors qu'il entame l'écriture de *Bouvard et Pécuchet,* il connaît une nouvelle crise de rédaction. Il finit par abandonner son roman au milieu du second chapitre.

7.

La rédaction de *Trois Contes* : un divertissement ? (1875-1877)

Face à cet échec, et plutôt que de faire un voyage, Flaubert essaie une autre forme de « détour » pour résoudre son problème d'écriture : il change, non pas de pays, mais de genre littéraire, en choisissant de passer du roman au conte : il commence en effet la rédaction de *La Légende de saint Julien*. Elle dure cinq mois, de **septembre 1875 à février 1876**.

Une fois ce conte achevé, il décide d'en écrire un autre, appartenant cette fois à l'époque contemporaine : en **mars 1876**, il commence donc la rédaction d'*Un cœur simple*, achevée cinq mois plus tard, en août. La même année Flaubert est très affecté par la mort de son ancienne maîtresse, Louise Colet, puis par celle de son amie George Sand pour qui il affirme avoir écrit *Un cœur simple*.

Pour compléter ses deux premiers contes, et parce qu'il a déjà l'intention d'en faire un livre, Flaubert entreprend la rédaction d'*Hérodias*, qu'il achève également en cinq mois, en **février 1877**. Après une publication en revue, dans *Le Moniteur* et *Le Bien public*, ils sont édités en volume le **24 avril 1877** chez l'éditeur Charpentier et accueillis favorablement par la critique.

8.

Fin de vie (1879-1880)

Toujours en proie à des soucis d'argent, et immobilisé après une fracture, Flaubert accepte l'aide financière du Ministère, obtenue grâce aux efforts de son entourage. Fidèle au saint patron qu'il s'est choisi, saint Polycarpe, dont les sautes d'humeur sont restées célèbres, il exprime avec vigueur ses admirations comme ses condamnations : il se dit émerveillé par le chef-d'œuvre qu'est *Boule de Suif* et donne des conseils avisés à Maupassant lorsque l'un de ses textes fait l'objet de poursuites pour atteinte à la morale ; il critique vigoureusement le naturalisme, tout en admirant certains romans de Zola, notamment *Nana* ; il se fâche avec son éditeur.

Le **8 mai 1880**, Flaubert meurt d'une attaque : il a alors cinquante-huit ans. Zola, Goncourt, Maupassant, Huysmans entre autres auteurs assistent à ses funérailles. Commence alors le travail d'édition et de mémoire : *Bouvard et Pécuchet*, sa dernière œuvre — inachevée —, paraît en 1881 en revue ; c'est ensuite le tour de sa correspondance, en 1884 ; puis de souvenirs de voyage en Bretagne : *Par les champs et par les grèves*. Certains de ses romans sont adaptés pour la scène, sous forme d'opéra (*Salammbô* en 1892), ou de pièce de théâtre (*Madame Bovary* en 1906). Un musée à la mémoire de Flaubert est créé en 1906 dans un pavillon de Croisset, le bâtiment central ayant été détruit. Enfin, en 1909, les *Œuvres complètes* de Flaubert sont publiées chez l'éditeur Conard.

Éléments pour une fiche de lecture

Regarder le vitrail

- Observez Julien. À quel endroit se trouve son visage ? Quelle est sa posture ? Que peut-on en déduire sur la nature de son acte ? Quelle est la couleur dominante pour le caractériser ? Interprétez.
- Observez les parents et décrivez-les. Faites état de toutes les informations que vous décryptez. Pourquoi sont-ils nus ?
- Observez le décor. Le vitrail amplifie les effets de couleur : quelles sont les teintes utilisées et à quel endroit ? Soyez, par exemple, attentif à la couleur des deux piliers du baldaquin : que pouvez-vous déduire de cette observation ? Qu'y a-t-il au-dessus du baldaquin ?

Le paratexte

- Expliquez le choix du titre du recueil : quels éléments de chacun des textes justifient leur dénomination générique de « conte » ?

- Quel autre titre pourrait-on proposer ?
- Expliquez le sens du titre *Un cœur simple*.
- Étudiez les couvertures de différentes éditions de ce texte : sur quel conte mettent-elles le plus souvent l'accent ? Quelle idée donnent-elles du recueil ?
- Quelle couverture proposeriez-vous pour illustrer ce recueil ? Décrivez-la précisément.

Le recueil

- L'un de ces textes peut être rapproché du conte, un autre de la nouvelle, le troisième de la légende : justifiez cette affirmation.
- Quels sont les points communs qui unissent les trois textes ? Vous réfléchirez notamment à leurs personnages, à leurs thèmes et à leur fin.
- Quelles sont les différences qui opposent les trois textes ? Vous réfléchirez notamment aux personnages et à la représentation du monde (réaliste ou non).

Le cadre spatio-temporel

- À quelle époque se passe chacun des contes ? Pourquoi Flaubert a-t-il choisi de les disposer dans l'ordre qu'adopte le recueil (*Un cœur simple, Saint Julien, Hérodias*) ?
- Observez la durée de l'intrigue de chaque conte : est-elle la même d'un conte à l'autre ? Quel effet cela produit-il ?

Les personnages

- Peut-on dire que les contes relatent le destin de trois êtres exceptionnels ? En quoi sont-ils exceptionnels ?
- Félicité, Julien et Jean-Baptiste sont-ils des héros ou des anti-héros ?
- En quoi les rapports qu'entretiennent Félicité et saint Julien avec les animaux sont-ils révélateurs de leur caractère ?

Le narrateur

- Le narrateur se manifeste-t-il au cours des récits ? En quoi la fin de *La Légende de saint Julien l'Hospitalier* se singularise-t-elle par rapport aux autres contes ? Quel effet produit cette fin ?

La structure

- Les trois contes reposent sur une structure répétitive : certains épisodes se répètent tout au long du récit. Vous direz, pour chaque conte, quel est l'événement répété. Quelle est la fonction de cette répétition ?

Interprétation d'ensemble

- En quoi peut-on dire que ces trois récits font le portrait de trois personnages solitaires ?

- Pourrait-on donner le titre de « Contes cruels » à ces trois contes de Flaubert ?
- Ces trois récits vous semblent-ils optimistes ou pessimistes ?

Argumentation

- « Les histoires à dormir debout sont de celles qui tiennent le mieux éveillé… », avance la critique Marthe Robert. En vous appuyant sur *Trois Contes*, vous direz si vous êtes en accord avec cette affirmation.

Pour connaître l'ensemble des titres disponibles
en folioplus classiques, rendez-vous sur le site
www.gallimard.fr

*Composition Nord Compo
Impression Novoprint
à Barcelone, le 5 novembre 2005
Dépôt légal : novembre 2005
1er dépôt légal dans la collection : août 2003*

ISBN 2-07-030410-8/Imprimé en Espagne.

140105